KB078675

모택동

13억 중국인의 정신적 지주

차례
Contents

중국에 대한 우리의 오해

우리는 흔히 중국을 공산주의 사회라고 말한다. 그러나 정말 칼 마르크스가 말하는 역사발전 단계론, 즉 원시 공산제 사회→고대 노예제 사회→중세 봉건제 사회→자본주의 사회→공산주의 사회의 발전 단계에서 말하는 공산주의 사회라고 할 수 있을까? 최근의 여러 상황을 보면 이러한 물음 앞에서 "중국은 공산주의 사회다"라고 쉽게 말할 수 없음을 느끼게 될 것이다. 왜냐하면 등소평(鄧小平, 덩샤오핑)이 "중화인민공화국은 아직 자본주의 사회를 거치지 않은 채 공산주의 사회 단계로 곧바로 들어왔으므로 잠시나마 자본주의 사회체제를 경험하지 않으면 안 된다"고 말한 것처럼 현재의 중국을 보면 거의 자본주의 사회체제를 형성하고 있다고 볼 수 있기 때문이다.

물론 공산당 일당에 의해 통치되고 있고, 국가 통치형태도 공산주의 체제를 띠고 있으므로 당연히 공산주의 사회라고 할 수는 있다. 그러나 중국은 결코 공산주의 사회체제가 아니라고 필자는 감히 단정한다. 외형적인 통치체제나 정치 이데올로기를 도외시해서 그러는 것이 아니다. 모택동이 만들어 낸 중국식 공산주의라는 것이 마르크스와 레닌이 추구했던 사회가 아니라, 전통적인 중국의 전제 정치적 요소가 가미된 지배체제이기 때문이다.

쉽게 말해서 중국의 전통적인 통치이상은 '배부른 자와 배고픈 자를 나누어 지배하기보다는 똑같이 적당하게 배고픈 자를 대상으로 지배하는 구조'였다. 이것은 개인의 능력을 보장해 주는 제도가 아닌 전체 백성에 대한 획일적 통제정책이었다는 점에서 공산주의 제도와 일맥상통한다. 예를 들면 주나라 때의 정전제도(井田制度)와 당나라 때의 균전제도(均田制度)가 그렇다. 물론 공산주의가 궁극적으로 추구하는 목표는 그런 것은 아니지만, 지금까지의 역사적 결과로서 드러난 공산주의적 통치는 바로 이런 '배고픔의 구조'를 적절히 활용하며 나아가는 통치였다는 것을 부정할 수 없는 것이다.

그렇기 때문에 중국식 공산주의는 중국의 전통적 전제 제도의 연장선이며, 마르크스와 레닌이 추구했던 공산주의와는 사뭇 다른 것으로 보는 것이 옳다. 그런 점에서 중국은 진정한 공산주의 국가는 아닌 것이다. 이러한 중국식 공산주의를 창출해 낸 사람이 바로 모택동(毛澤東, 마오쩌둥)이다. 다시 말해서 모택동식 공산주의는 마르크스가 유럽 여러 나라를 쫓겨 다니며 가난이라는 엄청난 고통 속에서 만든 공산주의와는 그 본질이 다르다.

이처럼 새로운 형태의 공산주의를 창안해 중화인민공화국이라는 대국을 만든 모택동이라는 인물을 과연 어떻게 평가해야 하는가? 그는 정치적 천재인가, 공자에 버금가는 철학자인가, 아니면 연안이란 동굴 속에서 천하대세를 읽어 냈던 제갈공명 같은 인물인가?

이 책에서는 이러한 모택동의 내면을 엿보면서 파탄난 중국의 구세주로 떠받들어지고 있는 그의 본 모습을 분석하고, 중국 건국의 일등공신이었던 그가 살아 온 궤적을 추적함으로써 중화인민공화국이 어떤 나라인지를 짚어 본 후 향후 한국과 동반자적 관계를 유지해 나가야 하는 중국을 대하는 우리의 자세를 되돌아보고자 한다.

소지주 집안에서 태어나다

완고한 가정환경

지금은 교통편이 많이 나아졌지만, 예전에는 모택동의 고향인 호남성(湖南省) 상담현(湘潭縣) 소산(韶山)에 가려면 상해(上海)에서 비행기로 장사(長沙)까지 간 다음 장사에서 자동차로 약 2시간 반 정도를 더 가야 했다. 예전에는 전형적인 중국 농촌의 풍경 그대로였지만, 지금은 깨끗하게 정돈되고 길이 널찍하게 나서 다니기 편한 관광지가 됐다.

모택동의 집안이 소산에 자리를 잡게 된 것은 그의 할아버지 때부터였다. 그의 집은 마을에서 조금 떨어져 있고 앞쪽에는 자그마한 호수가 있다. 여기서 모택동은 어릴 때 수영을 했다고 한다. 그의 생가 뒤쪽에는 소나무와 대나무가 무성하게 자라나 있는데, 마치 집을 감싸고 있는 듯하다.

그의 집은 전통 중국식 가옥으로 까만 타르 같은 것이 칠해진 시커먼 나무들로 지어져 있다. 집의 구조는 꽤 넓은 편으로 잘 살았구나 하는 느낌이 들지만 같은 지붕 아래 침실과 돼지우리가 붙어 있는 모택동의 방을 보면 문화 수준이 그렇게 높지는 않았던 것 같다.

모택동의 고향인 호남성은 전형적인 농촌 지역으로 닭이나 돼지가 자유롭게 돌아다니고, 논과 밭이 사방에 펼쳐져 있다. 그야말로 시골 중의 시골이다.

모택동 아버지의 이름은 모순생(毛順生, 마오순성)이고 어머니는 문(文, 원)씨였다. 그의 아버지는 여덟팔자의 짧은 수염을 길러 나름대로 풍채가 있고 근면한 농민이었으나 완고하기 그지없었다. 이에 비해 그의 어머니는 전통적인 남성우월주의 사회에서 생활하느라 고생한 흔적이 역력한 가엾은 여인이었다. 어머니의 고향은 소산에서 7~8킬로미터 떨어진 상향현(湘鄕縣)이었는데 혼담이 오가다가 18세에 시집을 오게 됐다.

결혼한 모택동의 아버지는 열심히 일했다. 그는 쌀과 돼지 등을 팔 때 중개인 노릇을 하기도 했다. 덕분에 재산을 조금씩 불려 나갈 수가 있었다. 그러다가 결국은 소산에서 제일 부자라는 소리를 듣게 될 정도로 재산을 모았다. 그러나 할아버지가 가난한 농민이어서 모택동의 아버지는 어린 시절에 무척 고생했다고 한다. 예를 들면 집에서 빚진 돈을 갚기 위해 1년간 병사(兵士)로 복무했다. 그 후 그는 부지런히 일했고, 그 덕분에 아버지가 23살 때에 태어난 모택동은 남부럽지 않은 환경에서 자랐다.

모택동은 1893년 12월 26일 아침, 해가 막 동쪽 산에서 떠오르려 할 무렵 태어났다. 중국에서는 어릴 때의 이름을 따로 부르는 관습이 있는데, 모택동이 어릴 때 이름은 바로 석삼(石三, 스싼)이었다. 아마도 그가 태어나기 전 형이 둘 태어났으나 곧 사망하는 바람에 '돌처럼 튼튼하게 자라는 셋째'라는 의미에서 붙여진 이름이었을 것이다.

그러나 탄생한 지 사흘째 되는 날에는 잔치를 베풀고 정식이름을 지어주지 않으면 안 됐다. 그래서 그의 아버지는 잔치를 베풀고 동네에서 평판이 있는 노인에게 정식으로 아들의 이름을 지어 달라고 부탁했다. 그렇게 얻은 이름이 택동(澤東), 호는 윤지(潤之)였다.

모택동은 어릴 때부터 총명하기로 소문이 자자했는데, 6세가 되면서 아버지의 명으로 열심히 일하게 됐다. 후에 모택동이 근면하고 일에 열중하는 성격은 이로부터 비롯된 것이다. 그러나 자신이 고생하며 어렵게 재산을 모은 경험을 가진 모택동의 아버지는 독선적이었기 때문에 모택동은 늘 반항하면서 성장했다. 그러한 모택동을 위로하며 이끌어 주었던 어머니는 자비심이 깊고, 근검절약하는 전형적인 중국 여성이었다.

14살에 사숙(私塾)을 그만둔 모택동은 낮에는 들에 나가 일하고, 저녁에는 아버지의 장부를 기록하는 경리일을 도우면서

틈만 나면 책 읽기에 몰두했다. 그러나 아버지는 그런 모택동을 그대로 놔 둘 정도로 너그럽지 못했다. 그러한 아버지와의 대립은 점차 깊어졌고, 관계도 점점 더 악화됐다. 그러다가 16세가 된 모택동은 결국 아버지의 삶의 방식을 거부하고 만류하는 어머니의 손길조차 뿌리친 채 자신의 꿈을 향해 대도시 장사(長沙)로 향했다. 새로운 환경에 도전하며 자신의 길을 갔던 것이다.

도시에서의 생활을 통해 새로운 미래를 발견한 그는 동생들까지 장사로 데리고 나왔다. 그들에게도 기회를 주고 싶었던 것이다. 그의 막내 동생 택담(澤覃, 쩌탄)은 1918년 13살 때 모택동이 장사에 있는 제일사범부속소학교 고등과에 입학시켰고, 집에 남아서 집안일을 보고 있던 둘째 택민(澤民, 쩌민)도 1921년 장사로 불러들인 다음 제일사범부속소학교의 사무원으로 취직시켜 식당 경리를 담당케 했다. 사실 모택동의 도움으로 도시에 나온 것이 동생들에게는 불행이었다. 훗날 그들은 혁명의 희생자가 됐던 것이다.

타협을 거부한 소년

모택동이 태어난 다음 해에 청일전쟁(淸日戰爭, 1894~1895)이 일어났다. 그는 태어나면서부터 비도덕적인 권력의 압박에는 타협하지 않는 성격을 가지고 있었다. 대신 힘없고 불쌍한 상대에게는 한없이 부드럽고 도움을 주고자 했던 착한 아이였다.

예를 들면 그는 자기가 다니던 사숙의 교사와 아버지가 심하게 자신을 구타하자 견디지 못하고 10살 때 집을 뛰쳐나간 적이 있다. 그가 갈 곳이 없어 여기저기를 헤매고 돌아다닌다는 얘기를 수소문해 들은 어머니가 아버지를 설득해 집으로 데리고 온 후부터 아버지가 좀 부드럽게 대하기 시작했다고 『모택동자술(毛澤東自述)』에는 쓰여 있다. 또 하루는 아버지가 "밥통처럼 밥만 처먹고 게으르기 한이 없는 이놈의 자식아!"라고 하면서 나무라자 너무 분해서 집 앞에 있는 연못으로 뛰어들어 죽을 지경에까지 이르렀다가 이웃들이 간신히 구해 냈다. 이러한 일화 등을 보면 불의한 권위와 압박에 굴하지 않는 그의 성격을 알 수 있다.

사숙을 그만두고 집안일을 하면서 책 읽기에 빠져든 모택동은 점점 더 수준 높은 책을 접하게 됐다. 그 과정에서 그에게 큰 영향을 준 책이 정관응(鄭觀應, 정관잉)의 『성세위언(盛世危言)』이었다. 이 책은 중국 사회의 모순에 대해 경고하는 내용을 담은 책이었다. 이 책을 읽고 크게 감동한 모택동은 속으로 "나도 이렇게 살아서는 안 된다"고 스스로 다짐하면서 이때부터 법률과 정치학에 관한 책들을 읽기 시작했다.

그는 거의 반년이나 집 안에 틀어박혀 여러 가지 책을 탐독했다. 그 기간 동안 모씨 집안의 최고 수재라 일컬어지던 모록종(毛麓鐘, 마오루중)에게 가서 경서와 사회정세를 비판한 논문과 새로운 지식을 소개한 책들을 빌려다 읽곤 했다.

아버지가 그런 모택동을 그대로 둘 리 만무했다. 그는 16살이 된 모택동을 앞에 두고 "쓸데없는 책 읽을 틈이 있으면 쌀가게에 가서 장부나 정리해라!" 하고 호통을 쳤다. 부친은 그를 쌀가게에 보내 일을 시키려고 결심했던 것이다. 그러나 자신을 그런 곳에 매어 놓으려는 부친의 뜻을 따르기에는 모택동이 너무나 커버린 상태였다. 그는 정말 집을 떠나야겠다고 결심했다.

결심이 선 그는 곧 집을 뛰쳐나갔다. 그러나 막상 갈 곳이 없었다. 그래서 일단 그는 이전에 가끔 심부름으로 가 보았던 어머니의 고향인 상향으로 발걸음을 옮겼다. 자식의 마음을 잘 알고 있던 어머니는 사람을 보내 고향에 미리 기별을 하고, 화가 난 남편을 설득해 모택동을 그곳에 있던 현립 동산소학교(東山小學校)에 입학시켰다.

이 학교에는 일본에서 유학하다 온 선생이 있었는데, 그 선생은 모택동에게 메이지유신 등 일본의 발전상에 대해 자세히 설명해 주었다. 이러한 선생의 열정에 감화된 모택동도 향학열을 불태웠다. 그 와중에 그가 가장 관심을 기울였던 것은 바로 중국의 현상을 비판하는 내용을 담은 「신민총서(新民叢書)」라는 잡지였다. 그 잡지는 양계초(梁啓超, 량치차오)가 편집하고 있었다. 그러나 그때까지도 아직 어렸던 모택동은 사회주의에 대해서는 알지 못했다. 또한 손문(孫文, 쑨원) 등 혁명가들이 쓴 혁명이론 등에 관한 책은 아직 손에 넣지도 못한 상황이었다. 그러나 그가 사회주의자로 전환하는 데 필요한 기본 소양은

이 시기에 점차 쌓이고 있었다.

자신의 혁명운동의 발판이 된 장사로 가게 된 19세 때 모택동은 비로소 새로운 전기를 맞게 됐다. 당시 장사에는 그가 존경하던 양계초가 세우고 학장으로 일했던 시무학당(時務學堂)이 있었고, 근대교육, 애국과 구국을 제창하는 유명한 학교도 있었다. 당시 인구 50만이었던 장사는 시골청년인 모택동이 위축될 만큼 큰 규모였으나, 골목길마다 분주하게 살아가는 사람들을 바라보며 자기가 할 일이 무엇인지 거듭 고민하게 된 모택동은 스스로 용기를 북돋우며 장사에서 활동을 개시했다.

자신의 공부가 부족하다고 판단한 모택동은 우선 상향중학교에 입학하기로 했다. 그는 국내외 정세에 관심을 기울이면서 누구보다도 열심히 책을 읽었다. 그러한 책 중에는 지금까지 보지 못했던 손문의 「혁명강령」도 있었다. 그는 이 강령을 읽으면서 자신이 나아갈 방향을 나름대로 정했다고 후에 자술했다. 그러는 가운데 큰 사건이 터졌다. 손문의 동지인 황흥(黃興, 황싱)이 주도하여 일으킨 황화강기의(黃華崗起義)가 실패해 많은 혁명 지사들이 희생됐다는 소식이었다. 이러한 기사를 읽은 그는 눈물을 흘리며 분개했지만 감격을 억누르지 못했다. 의분을 떨칠 수가 없었던 그는 자신의 정치적 견해를 밝히는 대자보를 학교에 붙이기도 했다. 이 글을 모택동이 쓴 첫 번째 정치논문이라고 보아도 좋을 것이다.

꿈을 좇는 청년

은사 양창제와의 만남

호남성의 성도인 장사는 상강(湘江)의 동쪽 하안이 성벽으로 둘러 쳐진 요새 같은 곳이었다. 그는 장사에 가기 위해 상담(湘潭)에서 배를 탔다. 당시의 장사는 인구 50만의 대도시로, 모택동이 이곳으로 오기 6년 전에 개항된 신도시였다. 초대 세관장은 미국인이었다. 일본과 영국이 영사관을 설립하여 외국인 40여 명이 살고 있었다. 이곳은 개항한 지 얼마 안 됐음에도 외국 배들이 수시로 드나들었고 내외국인의 왕래도 빈번했다. 일본과 영국 배는 정기항로를 개설해 한구(漢口)-장사-상담을 수시로 오갔으며, 그러는 사이에 서서히 시골에까지 새로운 개혁의 기운을 불어 넣는 진원지가 됐다.

그리하여 장사를 중심으로 호남성에는 새로운 기운이 넘쳤고, 이러한 기운 덕분에 도시는 교육열로 가득했다. 전 성을 세 학구(學區)로 나누어 각 학구마다 사범학교가 설립됐다. 원래 모택동이 들어간 학교는 성립 제4사범학교였다. 그는 일등으로 입학했다. 그러나 곧바로 성립 제1사범학교로 합병되는 바람에 졸업은 제1사범학교에서 했다. 당시 학교의 학생수가 400여 명이었고, 기숙사, 수업료 모든 것이 무료였다.

이곳에서 모택동은 청조(淸朝)를 타도하고자 하는 혁명당이 있다는 것을 처음으로 알게 됐다. 그는 혁명당원들이 뿌리는 삐라를 주워들고 읽어 내려갔을 때 솟아오르는 감격을 주체하지 못하고 자신의 정견(政見)를 바로 적어 현립 중학교 교문 옆에 붙이기도 했다. 그 내용은 다음과 같다.

부패한 청조를 타도하고 민국 신정부를 조직하자.
손중산(孫中山, 쑨중산)을 일본에서 불러들여 총통으로 받들자.
강유위(康有爲, 캉유웨이)를 국무총리, 양계초를 외교부장으로 세우자.

어린 소년의 기개가 엿보이기는 하나 당시의 모택동은 손중산(손문)은 청조 타도를 외쳤던 사람이고, 강유위, 양계초는 청조를 옹호하는 입헌군주제를 주장했던 사람임을 모르고 있었던 것 같다.

이처럼 혼란한 생각을 가지고 있던 소년 모택동에게 그의 지혜를 일깨워 준 은사가 나타났다. 바로 양창제(陽昌濟, 양창지) 선생이었다. 양창제는 '수신(修身)'과 '교육학'을 담당하던 선생이었다. '수신'이라는 과목은 요즘으로 치면 도덕 과목으로 볼 수 있고, 좀 더 고상하게 말하면 '윤리학'이었다.

양창제는 6세부터 공부를 시작했는데, 부친이 사숙을 열고 있었기 때문에 그곳에서 배웠다. 그의 부친은 어린 양창제에게, 유교 고전은 물론이고 주자(朱子), 왕양명(王陽明), 증국번(曾國藩) 등이 저술한 책을 읽혔다. 그 후 양창제는 일본에 가서 유학을 했고 독일에도 체재했다. 그가 교육학, 윤리학, 심리학, 서양 철학사 등을 공부하고 돌아왔을 때 호남성은 양창제를 성 교육국장으로 초빙했다. 그러나 그는 이를 거절하고 제1사범학교 교사를 택했다. 양창제는 동서양 명사들의 지혜의 정수를 모두 뽑아 그것을 시대에 맞게 하나하나 자기 식으로 해석해서 학생들을 가르쳤다.

그중에서도 모택동은 그의 가르침을 꼼꼼히 노트에 적으면서 그의 모든 것을 배운 가장 훌륭한 학생이었다. 양창제는 '일기'를 매우 중시했다. 독서에 대한 기록, 친구와의 토론, 주변 인물에 대한 평가, 사건에 대한 관찰, 신문보도, 일상생활에 대한 반성 등 모든 것을 '일기'에 쓰면서 거기서 얻은 지혜를 모택동을 비롯한 학생들에게 가르쳤다. 그는 증국번의 『일기서한집(日記書翰集)』 40권을 친구에게 빌려 와 그것을 읽기

15

시작한 날, 자기 일기에 다음과 같이 썼다.

　　증국번의 일기는 중단된 곳이 많다. 중단했다가 다시 쓰기까지 기일이 너무 멀다. 나는 일본에서부터 한 줄이라도 꼭 써야지 결코 쉬는 날이 있어서는 안 되겠다고 결심한 바 있다.

　　증국번이 극복하고자 했던 것은 말을 많이 하는 것, 명예를 좋아하는 것, 분노 등이다. 다행히도 나에게는 이러한 것들이 없다. 해학을 좋아하는 습관도 없다.

　이러한 자신의 일기를 강의 시간에 종종 읽어 주었다. 이러한 양창제의 감화를 받은 모택동이, 자신과 가까운 시대의 인물 중에서 오로지 증국번만을 존경하게 된 것은 양창제 선생 덕분이라고 말한 적이 있다.
　양창제의 일기 중에는 모택동에 대한 기록도 있다. 소개하면 다음과 같다.

　　학생 모택동 군은 그의 말에 의하면 상담과 상향이 경계를 접하고 있는 곳에서 태어나 자랐다고 한다. 겨우 산하나 넘어서 자란 학생임에도 말이 전혀 다르다. 농촌마다 같은 성씨들이 모여 사는데, 모두 농가라고 한다. 양친도 농민이라지만 그의 소질은 아주 우수하다. 정말 귀중한 소질을 갖고 있다. 증국번과 양계초의 예를 들어 농가에서 탁월한 인물이 나온다고 격려해 주었다. 모 군은 민국 혁명 시에 반년 정도 군에 가기도 했다는데 재미있는 경력이라 하지 않을 수 없다.

이것은 1915년 4월 5일 일기의 일부이다. 이날 바로 전날이 일요일이라 모택동은 양창제 선생의 집을 찾아가 상담을 한 듯하다. 모택동은 양창제 선생에게 "사회에는 해결해야 할 일들이 산적해 있습니다. 이것을 해결하기 위해 퇴학을 하고 싶습니다"라고 자신의 생각을 밝히고 선생의 의견을 구했다. 이에 대해 양창제는 다음과 같이 대답해 주었다.

"먼저 기초를 잘 닦게. 문제를 혼자 해결하려고 하지 말고 친구들을 만들어야 하네. 공동으로 힘을 발휘하는 것이 매우 중요해."

얼마 후 시내의 몇 개 학교에는 "친구를 구함"이라는 포스터가 나붙었다. 모택동이 붙인 것이었다. 응모한 학생은 5명에 불과했지만, 그들은 모여서 토론에 토론을 거듭했다. 그 결과 3년 후인 1918년에 만들어진 것이 '신민학회(新民學會)'였다. 그리고 다시 3년 후 「회무보고(會務報告)」라는 잡지 제1호를 출간하는데, 그것을 기초한 것이 모택동이었다. 모택동은 서문에서 다음과 같이 썼다.

이 회가 발족하게 된 것은 참가자 전원이 자기 품성을 개조해 학문을 진보시키고자 하는 바람에서이다. 나아가 이를 위해서는 서로 도움을 주는 친구를 찾는 마음이 절실하기 때문이다…… 양창제 선생의 계몽 아래 분투하고 향상되는 인생관이 형성되어 여기 신민학회가 탄생하게 된 것이다.

회원 21명 중 20명이 제1사범학교 학생들이었다. 모두 양창제 선생을 흠모하던 학생들이었음을 알 수 있다. 제1연합중학 학생인 나장용(羅章龍, 뤄장룽)은 "친구를 구함"이라는 포스터를 보고 온 유일한 타교 학생이었다. 양창제 선생은 이「회무보고」가 나오기 반년 전에 북경에서 서거했다.

양창제는 1918년 북경대학에 초빙되어 윤리학, 윤리학사 등을 가르쳤는데, 2년 후인 1920년 1월에 48세의 나이로 사망했다. 그가 죽었을 때 장례를 도맡아 치른 이가 바로 모택동이었다. 모택동의 첫 부인이 된 양개혜(陽開慧, 양카이후이)는 양창제 선생의 딸이었다.

양창제는 입원 중에 21년 연하인 혁명가였던 장사소(章士釗, 장스자오)에게 편지를 써서 모택동과 프랑스에서 유학 중이던 채화삼(蔡和森, 차이허썬)을 추천했는데, 추천서 내용은 다음과 같다.

"구국(救國)을 생각한다면 이 두 사람을 중시하게."

장사소는 양창제와 같은 장사 출신으로 후에 북경대학 교장, 정치가로서 활약하게 되는데, 모택동을 도운 덕택으로 신 중국이 수립된 후 높은 자리에 오른 인물이다. 모택동의 기본 사상과 의식의 바탕은 이렇게 양창제 선생이 가르친 것이었다.

혁명의 길에 들어서다

성립 제1사범학교에서 5년간 공부한 모택동은 이때부터 자신의 사상체계를 나름대로 구체화한 것으로 보인다. 세계관, 인생관, 철학이라고 할 수 있는 체계를 어느 정도 갖추고 졸업한 그에게 새로운 사고의 전기를 가져온 것은 바로 마르크스주의와의 만남이었다.

졸업 바로 전에 만든 '신민학회'는 당시 북경에서 제창된 '근공검학운동(勤工儉學運動)'에 협력하기로 결정했다. 이는 프랑스에서 노동하면서 공부하자는 운동이었다. 등소평 등이 바로 이 운동으로 인해 프랑스에 유학가게 된 경우였다. '신민학회'가 근공검학운동에 협력하기로 한 것은 신민학회가 향후 "중국과 세계를 개조하자"는 목표 달성을 위해 어떤 방식으로 문제를 해결할 것인가를 두고 의견이 분분한 가운데 내린 결정이었다. 교육을 통해서 목표를 달성하자는 온화한 개혁안과 프롤레타리아 독재로 자본주의를 타파해야 한다는 두 가지 주장으로 나뉘어 접점을 못 찾고 있을 때, 모택동은 후자의 의견을 주장한 채화삼의 의견을 따르겠다고 밝혔고, 이를 위해서 공산당을 조직해야 한다는 의견을 공동으로 발의하게 됐다. 그때가 1920년 12월이었다.

이처럼 공산당을 조직하기로 의기투합하기 전에 모택동은 이미 마르크스주의의 계급투쟁과 레닌의 당 건설 사업을 모방하지 않으면 안 된다고 생각하고 있었다. 그래서 채화삼의 의견에 쉽게 동의할 수 있었던 것이다. 그가 마르크스주의에 접촉할 수 있었던 것은 '신민학회' 회원들이 북경에서 시작된 근공검학운동에 참가하기 위해 대거 지원했을 때 모택동이 이들의 적극적인 지원을 북돋우기 위해 북경에서 활약했기 때문이다.

특히 1919년 5월, 북경(北京)에서는 5.4운동이 일어나 1918년에 일어났던 외국의 새로운 사상을 받아들여야 한다는 '신문화운동'의 영향 아래 정체됐던 사회 공기를 변화시키고 있었다. 당시 모택동은 장사에 있어서 직접 이 운동에 참가하지는 못했지만, 장사에서 이 운동을 지지하고 있었다.

5.4운동은 일본이 중국을 완전히 합법적으로 점령하겠다는 의도로 중국 정부에 제시한 21개조 요구에 대한 거국적인 반대 운동이다. 이 운동은 조선에서 일어났던 3.1운동의 영향을 받아 전국적으로 퍼진 의미 있는 운동이었다.

이 운동 후에 북경으로 돌아온 모택동은 세 권의 책과 만나게 되는데, 『공산당 선언』『계급투쟁』『사회주의사』 등이 그것이었다. 모택동은 미국 종군기자인 에드거 스노와의 인터뷰에서 이 세 책을 거론한 후 "1920년 여름에는 이론적으로도, 어느 정도는 행동적으로도 마르크스주의자가 돼 있었고, 이때 이후로 나는 스스로 마르크스주의자라고 생각하게 됐다"라고 말한 것을 보면, 이 당시에 그가 공산당을 조직하겠다는 생각을 이미 굳히고 있었음을 알 수 있다.

그해 5월 5일, 북경에서 상해로 온 모택동은 진독수(陳獨秀, 천두슈)를 방문했다. 그는 이때 독서클럽을 만들어 다양한 공산주의 관련서를 수집하여 읽고 출간하는 일에 진력해 온 진독수로부터 마르크스주의에 대해 들었다. 모택동은 굳은 신념을 가지고 열변을 토하는 진독수에게 깊은 인상을 받았다고 에드거 스노와의 인터뷰에서 밝히고 있다.

모택동은 장사로 돌아가서 진독수를 두 번이나 초청해서 강연회를 가지려 했으나 진독수의 사정으로 실현되지 못했다. 이는 그가 진독수의 말에 얼마나 큰 감명을 받았는지를 알려주는 일화이다.

이러한 와중에서 드디어 공산당 창당대회를 맞이하게 됐다. 1921년 7월, 제1회 전국대표대회가 상해에서 열렸고 여기서 중국 공산당이 수립됐다. 모택동도 이 회의에 참가해 중국 공산당 창립 멤버의 한 사람이 됐다. 중앙국서기(中央局書記)는 진독수가 맡았고, 진독수, 장국도(張國燾, 장궈타오), 이달(李達, 리다) 등 3인이 중앙국을 구성했다. 모택동은 호남 대표로 출석한 하숙형(何叔衡, 허수헝)과 함께 중앙 호남 지부를 조직했다. 그 다음 해에는 중국 공산당 상구위원회(湘區委員

21

會)를 설립하고 모택동이 서기가 됐다. 그때 그의 나이 28세
였다.

당시 그는 마르크스주의의 정통 이론에 충실했다. 이는 그
가 프롤레타리아 노동자를 조직해서 스트라이크(파업)를 일으
키려고 준비하고 있었다는 사실에서 알 수 있다. 그 결과 강서
성(江西省) 안원(安源) 탄광의 노동자를 동원해 1922년 9월에
스트라이크를 일으켰으나 실패로 끝나고 말았다.

이후 국내 상황의 변화로 1924년 국공 양당은 합작해 협력
관계를 맺게 되는데, 모택동도 국민당에 가입한 후 중앙집행
위원이 되어 상해에서 활동하게 됐다. 그러나 그의 생각은 다
른 곳에 있었다. 소련이나 유럽과 상황이 다른 중국에서 노동
자보다 더 많은 수를 차지하는 농민을 활용하는 농민운동에
관심이 생겼던 것이다. 그 결과 1924년 10월 병 치료차 장사
에 와 있을 때, 그는 고향인 소산 일대에 많은 농민협회를 조
직해 농민들을 공산당에 입당시켰는데, 입당 선언식은 그가
태어난 집 2층 침실에서 행해졌다(1925.8.).

그러한 그의 활동을 주시하고 있던 호남 군벌들이 그를 체
포하려 하자 그곳을 떠나 광주에 도착한 그는 국민당을 설립
하고 농민운동강습소 소장이 됐다. 강습생 중에는 그의 동생
모택민도 있었다(1926.5.~10.).

그는 1927년 1월에 고향 소산으로 다시 돌아가 그 일대의
농민운동 상황을 시찰하고 그 결과를 당 중앙에 보고했다.
그것이 유명한 「호남농민운동시찰보고」이다. 이 보고서를

보면 그가 농민운동을 주도할 수 있는 홍군(紅軍: 중국 공산당
군)을 조직하기 위한 기본 전략을 이미 갖추고 있음을 알 수
있다.

홍군을 조직하다

홍군의 발상지 호남

홍군은 당시 5억 인구의 적이었던 국민당군과 일본 제국주의를 타도하기 위한 방편으로 조직됐다. 일본 제국주의군과 싸우느라 1,000만 명의 민중이 희생됐고, 500억 달러라는 천문학적인 재산이 소모됐는데, 이러한 저항의 모체는 팔로군(八路軍)의 전신인 중국 노농홍군(勞農紅軍) 제4군이었다. 이 홍군은 모택동의 지도로 근성과 규율을 확실하게 갖춤으로써 비로소 혁명군으로서의 성격을 띠게 됐다.

홍군 최초의 창설자는 하룡(賀龍, 허룽)이었다. 그러나 공산당 창립 이후 북벌 과정에서 호남성을 중심으로 편성됐으므로 모택동의 영향을 강하게 받았다고 할 수 있다. 다시 말해서 어느 지역의 어느 누가 만들었다 해도 모택동이라는 강력한 카리스마가 없었다면 그러한 막강한 군으로 성장했을 가능성은 전혀 없다. 그런 당시의 상황에서 볼 때, 특히 그가 성장한 고향인 호남성에서 홍군이 조직됐다는 것은 그가 없는 홍군을 생각할 수 없다는 말이다. 그렇지 않았다면 상대방에서 지칭하던 대로 적비(赤匪)로 끝나고 말았을 것이기 때문이다.

혁명전술의 패턴은 대체로 같기 때문에 이러한 혁명이론을 어떻게 실천하는가에 따라 그 결과는 달라질 수 있었던 것이다. 모택동은 국민당에 대해 '민중의 적'이라는 기본자세를 취하면서 홍군의 편성과 강화가 절대적으로 필요하다고 생각했고, 이를 위해 최대한 노력을 경주했다. 그러한 정확한 방향과 노선을 갖추고 있었기에 그 어려운 혹독한 고생과 압박에 시달리면서도 홍군은 전멸하지 않고 생명의 불씨를 이어갈 수 있었고, 결국 혁명을 성공시키는 데 기둥 역할을 하게 됐던 것이다.

공산당 창단식에 참여했던 모택동은 고향인 호남으로 돌아오자마자 노농 대중을 선동해 그들을 조직화하고자 애썼다. 특히 그는 자신의 어릴 적 경험을 바탕으로 토지 없는 농민들에게 토지를 나눠주려는 계획을 통해 농민들을 조직화했다. 또한 도시에서 차별을 받고 있던 마부와 공업 노동자를 조직해 스트라이크를 벌이는 일에도 노력을 경주했다.

이러한 그의 혁명노선을 중앙의 공산당 간부들이 그대로

수용한 것은 아니었다. 그들은 자신 나름대로의 경험을 통해 중국에 맞는 혁명노선을 갖추려 애쓰고 있었기 때문이다. 그중에서 모택동과 처음으로 대립한 사람은 중앙 공산당을 대표하는 최고 간부의 한 사람이었던 진독수였다. 결과적으로 모택동은 진독수에 의해 당 중앙에서 쫓겨나는 신세가 됐다. 이렇게 다시 장사로 돌아온 모택동은 대중을 조직하는 일에 매달렸다. 그는 이론보다는 실천이 더욱 중요하다고 보았고, 이를 통해 혁명이 가능하다고 생각했기 때문이다. 그 일환으로 그는 농민협회를 중심으로 회원들을 조직했고, 그 결과 120만 명에 달하는 회원을 확보할 수 있었다.

그의 조직 방법은 "조국이 일제에 의해 침략당하고 있는데도 국민당은 이를 방조하고 있으니 중국인으로서 부끄럽지 않느냐?"며 농민의 민족주의에 호소하는 방법이었다. 수많은 회원을 모집한 결과는 바로 농민협회의 조직이었다. 이들을 농민군으로 편성하려면 모택동의 지도가 필요했고, 그러기 위해서는 모택동에 대한 농민들의 신뢰가 무엇보다 중요했다. 모택동은 농민민족주의를 이용해 북벌군이 호남성에 들어오기 전에 이미 농민협회를 주체로 삼아 농민군을 편성하고 있었다. 이것이 바로 1928년 4월경 노농홍군 제4군이 탄생하게 된 배경이다.

그러나 진독수 등은 농민의 무장조직을 반대하고 프롤레타리아트를 무장시켜 봉기하려는 정책을 밀고나가고자 했다. 그러자니 자연 자신의 위치를 이용해 모택동을 궁지로 몰아야 했다. 그러는 차제에 장개석이 국공합작을 통한 북벌에 반기를 드는 '남경(南京) 쿠데타'를 일으키면서 당내 공산당 숙청 작업을 벌였다. 그러자 북벌을 통해 추진되던 국공합작은 이제 국공 양당의 대결로 치닫게 됐다. 당시 진독수 등 공산당 지도자들은 국민당에 기대어 당세를 확대해 나가려는 계획을 가지고 있었기에 갑자기 돌변한 국민당의 태도에 적절하게 대처하지 못하고 쫓겨 다녔다. 그러다가 가을 수확기를 이용해 농민봉기를 통해 장사 점령을 시도했으나 농민조직을 가동할 수 있는 모택동이 없어서 실패하고 말았다.

모택동은 실패한 농민군을 정강산(井崗山)으로 불러 모았으나 그 숫자는 1,000여 명에 불과했다. 기존 병력의 7/8이 분산됐으나, 모택동은 오히려 이런 상황 덕분에 농민들로부터 신뢰를 얻게 됐다. 이렇게 힘을 얻은 모택동은 1927년부터 홍군을 다시 조직하기 시작했다.

그렇게 재편성된 홍군에게 모택동은 홍군으로서의 근성과 기강, 규율을 몸에 내재화하는 작업에 착수했다. 그 와중에 흩어져 있던 홍군이 다시 모였고 예전의 인원수를 초과하기에 이르렀다. 노농홍군 제4군은 이렇게 탄생했다. 이 결과는 모택동이 이루었기 때문에 중국 공산당 중앙은 구추백(瞿秋白, 취추바이) 일당을 숙청시키고 당과 홍군과 소비에트 정권의 최고기관인 공산당 전적위원회의 서기로 모택동을 임명했다. 공산당 중앙은 있었지만 홍군 내에서는 모택동이 실질적인 대표자가 됐던 것이다.

이후 홍군은 매우 신속하게 발전했다. 이러한 발전은 결국 장개석의 질투심을 불러 일으켰고, 결국 국민당군이 소비에트 지역에 대한 대대적인 토벌작전을 벌이게 하는 계기가 됐다.

대장정의 배경

1920년부터 1930년까지의 시기는 국제적으로나 중국 국내적으로나 상당히 유동적인 시기였다. 국제적으로는 대공황이 일어나 모든 나라가 해결책을 강구하는 데 온 정신을 집중하는 시기였다. 미국은 뉴딜정책을 실시했고, 독일은 히틀러가 정치무대에 전면적으로 등장하기 시작했으며, 이탈리아서는 국회가 파시스트 정권을 승인하고 있었다. 일본은 만주의 장작림(張作霖, 장쭤린)을 폭사시키고 만주 지역을 장악하고자 야심을 드러내고 있었고, 그 아들 장학량(張學良, 장쉐량)은 이러한 일본을 만주에서 축출하고자 여러 가지로 궁리하고 있던 때였다.

중국 국내에서는 1929년 7월 21일 동지나철도(東支那鐵道) 문제를 둘러싸고 소련과 전쟁이 터질 가능성이 높아지고 있었고, 남경의 장개석(蔣介石, 장제스)은 일본과의 전쟁에 대비해 전비를 조달하기 위해 점점 독재화해 가는 상황이었다.

이처럼 대내외적으로 압박을 받게 된 장개석에게 가장 큰 방해물은 중국 공산당이었다. 중국 공산당이, 일본의 침략 등 대외적인 문제보다도 일단 국내가 안정되어야 한다는 평계로 공산당에게 압박을 가하고 있는 장개석의 속셈을 뻔히 알고 있었기에 국민당의 속내를 농민들에게 선전하면서 장개석의 야심을 폭로하고 있었기 때문이다.

특히 1927년부터 1930년 사이에 혁명 근거지만 11개로 증가할 정도로 해방구의 병력과 경제적 능력 그리고 이에 대해 동정하는 농민들이 경이적으로 증가하자, 장개석은 자신에게 닥칠 미래의 위협을 바라보며 전율하지 않을 수 없었다. 따라서 장개석에게는 일본의 만주 점령 야욕을 저지하는 것보다 공산당을 궤멸시키는 것이 더 큰 문제였던 것이다.

공산당이 점령한 해방구에서는 농민이 지주를 몰아내고 토지 분배가 이미 실시되고 있었는데, 그 지역이 점점 확대되자 장개석은 이를 방관하고만 있어서는 안 되겠다는 경각심을 느꼈다. 그리하여 장개석은 1929년 10월부터 강서성 일부와 복건(福建省) 서쪽 지역에 세워진 혁명정권에 대해 일제 토벌작전을 개시하기로 결정했다.

마침 그때는 복건성 고전(古田)에서 홍군 제4방면군이 제9회 당대표대회를 개최하고 있었다. 이 회의에서는 모택동이 기초한 결의문이 채택됐다. 국민당군은 주력군인 직계군(直系軍)을 파견해 파죽지세로 밀고 들어가 장개석의 염원대로 홍군을 패퇴시켰다. 홍군이 그렇게 쉽게 패한 원인은 두말할 것도 없이 장비와 군인 수의 격차가 엄청났기 때문이다. 이에 대해 홍군은 유격전으로 대항할 수밖에 없었다.

1930년 1월에 장개석군은 드디어 고전을 점령했다. 그러자 홍군은 강서성 서금(瑞金)으로 집결할 수밖에 없었다. 당시 홍군은 제4군으로 일컬어졌는데, 제1군에는 주덕(朱德, 주더), 제2군에는 하룡, 제3군에는 팽덕회(彭德懷, 펑더화이), 제4군에는 서백전(徐白前, 쉬바이첸)과 장국도 등이 총 10만 명의 군사를 이끌고 있었다. 이들의 장비는 비록 열악했지만 혁명의식이 충만하고 사기가 높아 국민당군과 대결할 수 있는 능력은 충분히 갖추고 있었다. 그러나 문제는 공산당 자체의 내분에서 불거졌다.

그것은 모택동식 혁명방법을 인정하지 않는 것에서 비롯됐다. 상해에 있던 중국 공산당 중앙은 "모택동식 혁명화 방안으로 중국 전체를 혁명화하려면 100년은 걸릴 것이다"라고 비판했다. 이에 대해 모택동은 전도가 밝은 전략이라면서 반발했다.

그러자 공산당 중앙은 교조주의(敎條主義)를 발동해 무한시(武漢市)에서 혁명에 실패한 당시 당 총서기인 진독수에게 책임을 묻고 당적을 박탈한 뒤 그의 뒤를 이어 향충발(向忠發, 샹중파)을 총서기에 임명했다. 그러나 그는 허수아비에 불과했고, 당 선전부장으로 있던 이립삼(李立三, 리리싼)이 당 중앙을 실질적으로 장악했다. 이립삼은 혁명의 주체를 프롤레타리아 계층이라고 생각하고 있었다. 그는 프롤레타리아 계층의 의식이 농민보다 높다고 평가하면서 마르크스식 도시폭동을 주도했다. 그러나 그가 이끈 도시폭동은 모두 실패로 돌아갔고 인책되어 모스크바로 불려간 그는 비참하게 일생을 마쳤다.

이러한 내부 분란이 지속되면서 중국 공산당은 전원 일치 단결해 장개석 국민당군에게 승리할 수 있는 기회를 놓치고 있었다. 그러자 이런 기회를 포착한 장개석은 드디어 다섯 차례에 걸쳐 대대적인 소위 포위토벌작전을 진행했다. 공산당 세력을 완전히 뿌리 뽑겠다는 의지의 표현이었다. 그 시기는 1930년 10월부터 1934년까지였다. 이에 대해 모택동은 대반포위토벌(對反包圍討伐)이라는 구호를 걸고 맞섰다.

제1차 포위작전은 1930년 11월에 지역군 및 잡군 10만 병력을 동원해 홍군을 공격한 것인데, 홍군은 유격전으로 대응해 국민당군을 대패시켰다. 그러자 장개석은 두 번째 포위토벌전을 시도했다. 1933년 2월에 20만 군을 동원해 3만 명밖에 안 되는 홍군을 공격했지만, 농민과 협력한 홍군은 유격전으로 국민당군을 또다시 패퇴시켰다. 그러자 세 번째 토벌에서 자신이 총사령관이 되어 1933년 7월에 남창(南昌)에 총사령부를 설치해 30만 명을 동원한 장개석은 모택동과 주덕이 지휘하고 있는 서금의 중앙 근거지를 직접 공격하지 않고 제4방면군을 공격하면서 중앙 근거지도 공격하겠다는 의지를 보였다. 이러한 위세에 놀란 공산당 중앙은 모택동의 유격전술로는 이에 대응할 수 없다며 모택동을 비판하기 시작했다. 이러한 음모파에는 진소우(陳紹禹, 천사오위), 장문천(張聞天, 장원톈) 등 소위 소비에트 유학파가 있었다. 이들은 이렇게 비판하면서 코민테른에서 파견해 온 미프(Pavel Aleksandrovich Mif)를 등에 업고 당 중앙의 정권을 장악했다. 그렇지만 당권을 장악한 후에도 국민당군의 위세에 눌린 유학파가 제대로 대응하지 않고 국민당군의 공격이 미치지 않는 지역으로 이동하는 정책을 취하는 바람에 그동안 구축한 해방구를 잃게 됐다. 이러한 상황을 바라보며 분통해한 사람은 모택동과 주덕이었다. 국민당군은 그러한 여세를 몰아 중앙 근거지인 서금을 향해 공격해 왔다. 모택동 일행은 유격전 등을 통해 이들의 공격에 대응했다.

그러자 장개석은 제4차 대토벌을 곧바로 시작했다. 이번에는 50만 명이라는 대군을 동원해 공격해 왔다. 홍군은 제3차 토벌로 인해 충분한 휴식도 취하지 못하고 있었는데, 50만이라는 대군이 밀려오자 어쩔 줄 몰라 했다. 그러나 모택동은 예전과는 다른 유격전을 통해 이들에게 저항했다. 즉 국민당군에 대해서도 그들을 피곤하게 하는 작전을 실시했던 것이다. 이러한 작전은 맞아떨어져서 국민당군은 또다시 대대적으로 큰 피해를 입고 철수하지 않으면 안 됐다.

그러자 화가 머리끝까지 난 장개석은 100만 명이라는 대군을 동원해 1933년 10월에 제5차 토벌작전을 감행했다. 그러나 당시에는 공산당 홍군의 숫자도 증가해 30여 만 명에 이르렀고, 당원도 30만 명으로 늘어난 상태였다. 그러나 또다시 내분이 일어났다. 3차 토벌전에서 도망치는 바람에 잠잠했던 소련 유학파가 다시 모택동의 전술을 부정하며 직접 홍군을 지휘하겠다고 나섰던 것이다.

당시 이들 유학파는 일본의 만주국 수립 등으로 인한 국가 위기 속에서 민중의 의견을 무시하고 오로지 극좌적인 혁명만을 고집하고 있었기에 결국 민중에게 외면당했고 결국 이들이 지휘했던 공산당 조직은 국민당의 탄압에 의해 붕괴되고 말았다. 이를 기회로 국민당 100만군이 중앙 근거지를 공격해 오자 이들 유학파는 어쩔 줄을 몰랐다. 그러나 이미 지휘권을 박탈당한 모택동 등은 이에 대한 대처방안을 강구할 수 없는 형편이었다.

그러한 와중에 이들 유학파의 극좌노선에 반대하던 제1방면군(복건의 19로군)은 그들을 지원하지 않기로 결정했다. 19로군은 1931년 2월 상해사변에서 일본군과 끝까지 전투해 일본군의 상해 점령을 늦춘 군이었는데, 후에 국민당의 부패를 보면서 홍군으로 편입했다. 막강한 이들의 지원이 끊기자 공산당 중앙은 복건 인민정부를 반동으로 몰아세웠지만, 결국 국민당군에 의해 철저하게 파괴당하고 말았다.

당시 중국 공산당 중앙을 지도한 사람은 미프 대신 코민테른 대표로 새로 온 이덕(李德, 중국명 리더, 원명 오토 브라운(Otto Braun))이었다. 그는 상황이 어려워지자 모스크바로 전보를 보내 어떻게 하는 것이 좋을지 물었다. 모스크바는 "몽골 가까운 곳으로 가 안전을 도모하라"는 지시문을 내렸다. 당시 모스크바는 이덕의 전보를 받고 중국 혁명이 불가능하다고 보고 일단 안전한 곳으로 피하라고 지시했던 것이다.

오랜 기간을 거쳐 수천수만의 동지들이 흘린 피의 대가로 세워진 혁명 근거지를 하루아침에 포기해야 하는 상황에 직면한 모택동과 주덕은 피가 거꾸로 흐르는 듯한 분통함을 느끼지 않을 수 없었다. 그들은 장차 수많은 농민들이 반동정권 아래로 들어가 고생하고 공산당원으로 몰려 대부분 학살당할 것을 염려하면서 고민을 거듭한 끝에 결국 이만오천 리(1만 킬로미터)에 달하는 대장정(大長程)을 시작하기로 결정했다. 물론 처음부터 연안(延安)을 목표로 했던 것은 아니었다. 갈 곳도 정하지 않은 채 그냥 떠난 길이었다.

후에 이를 평가해 '장정'이라는 말을 쓰게 됐지만, 당시로서는 '중국 공산당의 대서천(大西遷)' 혹은 '길고 긴 대패주(大敗走)'라는 말이 오히려 더 정확한 표현이었다. 그만큼 당시의 상황은 긴박했고, 대열을 갖추기 위한 기본 계획조차 없었다.

대장정에 오르다

대장정은 1934년 11월 10일부터 시작됐다. 출발할 때의 인원수는 제1방면군만도 10만 명이나 됐다. 공산당은 국민당군이 쫓아올 수 없는 지역으로 이동해야 했다. 따라서 우선은 국민당군이 없는 곳으로 이동하는 수밖에 없었다. 그렇지만 곳곳에 있던 군벌군과 맞닥뜨리지 않을 수 없는 상황이어서 하루도 전투가 벌어지지 않는 날이 없었다. 전투는 매일 반복됐고, 국민당군의 추격은 집요했다. 국민당군에서 띄우는 10여 대 이상의 전투기 폭격으로 가장 많은 홍군이 희생됐다. 제1방면군이 당 중앙을 옹호하며 중앙 혁명근거지(강서 서금)를 떠난 지 사흘 만에, 결국 서금은 국민당군에게 점령당하고 말았다.

이동한 것은 홍군만이 아니었다. 당 관계 직원, 소비에트 관계자, 장정에 참가하고 싶어 했던 일반 농민까지 포함되어 있었다. 당 중앙을 장악하고 있던 소비에트 유학파는 장정에 따라 나서기는 했지만, 어느 순간 자취를 감추었다. 코민테른의 지시로 자기들만 몽골 쪽으로 도망을 쳤던 것이다. 고달픈 장정이 시작되기는 했지만, 모택동을 가로막는 자들은 없어진 셈이 됐다.

장정은 꼭 2년의 시간이 걸렸다. 이러한 장정의 특징을 열거하면 다음과 같다. 첫째, 당에서 모택동의 지도가 확립됐다. 소비에트 유학파는 급속히 해체되어 어떤 자는 모스크바로 떠나고, 어떤 자는 당내에서 침묵으로 일관했다. 고문이었던 이덕에게 말을 거는 홍군 병사가 한 사람도 없게 되자, 이덕 일행은 도망치듯 모스크바로 돌아갔다. 둘째, 대일 항전의 구체적 행동이 선언됐다. 셋째, 장국도의 음모로 인해 연안을 향한 장정이 1년이나 늦춰졌다. 장국도 일파가 자신들의 세력을 당내에서 부각시키고자 분파 행동을 했기 때문이다. 넷째, 장정은 홍군의 영웅적인 전투였다. 매일 계속된 전투로 수많은 희생자가 생겼고, 24시간 동안 꼬박 전투를 한 경우도 15회나 됐지만 홍군은 끝까지 장정을 수행함으로써 역사 속에서 영웅이 됐다.

이러한 대장정 과정에서 공산당이 11개 성을 거쳐 연안에 도착했을 때는 처음 출발할 때 10만이었던 제1방면군 병사가 겨우 8,000명으로 줄어 있었다. 매일 평균 251명이 전사한 셈이다. 이처럼 끊임없는 전투 속에서 귀주성(貴州省) 준의(遵義)에 도착한 것은 1935년 1월 4일 아침이었다. 이곳은 정치, 군사, 경제적으로 귀주성의 성도인 귀양(貴陽)과 함께 요지였다. 사방이 절벽으로 둘러싸여 있어 외부에서 공격하기가 쉽지 않은 도시였다. 이곳에 온 후 1월 8일 확대정치국회의가 열렸다. 이 회의에서 모택동의 당 지도 체제가 확립됐다. 그렇게 된 동기는 이 대회에서 모택동이「적의 다섯 차례 포위토벌에 반대했던 총괄에 관한 결의서」를 제출했기 때문이다.

그 결의서에는 장개석의 5차례에 걸친 포위토벌전에 대한 당 중앙의 잘못된 평가, 그 결과로 인해 잘못을 저지른 지도부의 과오에 대해 격렬하게 비판하는 내용이 담겨 있다. 그중에서도 5차 토벌전에 대응하려 애쓰지 않았던 모스크바 유학파를 '반동세력의 확대'라는 차원에서 평가하고 공산당의 혁명역량을 과소평가했다고 강력히 비판했다. 이후 소비에트 유학파의 발언은 한마디도 허용되지 않게 됐다. 이 회의가 끝나자마자 이덕은 모스크바로 달아났다. 이는 소련 공산당의 중국 공산당에 대한 지배력이 공식적으로 부정됐음을 의미하는 역사적 대사건이었다. 모택동이 자신의 확고한 지도 아래 모택동식 혁명을 시작하는 계기가 됐다. 트럭 한 대 없이 그 많은 사람들이 수많은 물자를 이동시켜 가며 국민당군과 싸워야 했던 대장정의 쓰라린 고통은 결국 새로운 중국의 탄생을 잉태하는 씨앗이 됐던 것이다.

비록 수많은 희생자를 냈지만, 연안에 이른 홍군은 모택동의 탁월한 리더십 아래서 철저한 통제력을 갖추고 각지에 혁명의 씨앗을 심었다. 공산당은 서금을 출발하기 직전인 1934년 4월 일본에 선전포고했던 자신들의 약속을 지키고 민중의 적극적인 성원과 참여를 이끌어 내어 중국 혁명의 불씨를 지피는 데 성공했다. 중일전쟁의 촉매가 된 노구교사건을 1937년 7월 7일 일제가 일으켰고, 그 두 달 후인 8월 22일 대일항전을 위해 팔로군이 조직됐는데, 이 팔로군의 주력은 바로 대장정을 완수한 홍군이었다. 이러한 상황의 변화가 바로 대장정에서 얻은 자신감의 발로였음을 굳이 설명할 필요는 없을 것이다. 이러한 자신감을 엿볼 수 있는 모택동의 시가 있다. 이만오천 리 대장정을 마친 후 연안에 들어서기 직전에 읊은 그 시는 다음과 같다 .

홍군은 원정의 어려움을 아랑곳하지 않네
만수천산도 예삿일처럼 지나가네
구불구불 오령(五嶺)도 잔잔한 파도처럼 넘고
거대한 오몽산(烏蒙山)도 진흙덩이 위를 구르듯 건너네
금사강물 출렁이니 단애(斷崖)가 따스해졌건만
대도하교(大渡河橋) 가로지른 쇠사슬만 차가웠다네
민산(岷山)의 천 길 눈도 (홍군은) 기꺼워했지
삼군(三軍)이 지나간 후에 (민산도) 활짝 웃었다네

이만오천 리를 지나며 숱하게 고생했지만 이제 그 고생이 끝나고 그가 얻게 된 자신감과 호탕함을 그대로 보여주는 시라 하겠다.

혁명 완수의 사명과 혁명이론의 구축

위대한 시인의 포부

앞 장에서 소개한 시가 장정을 마치기 직전 모든 난관을 통과한 후에 마음의 안식과 그간의 고생을 단숨에 떨쳐 버리려는 그의 기개를 표현한 시라면, 이제 소개하려는 시는 장정을 완성하고 연안 동굴에 있으면서 자신이 목표로 하는 중국 혁명을 반드시 완수하겠다는 신념을 그대로 나타낸 시라고 할 수 있다. 제목은 '심원춘설(沁園春雪)'이다. 즉 "진진고원(秦晉高原)에 스며드는 봄 눈"이라는 뜻이다. 여기서 말하는 '원(園)'은 '원(原)'으로 해석할 수 있으며, 이 원(原)은 진진고원(秦晉高原)이라고 모택동은 주(注)에 기록했다. 즉 섬서(陝西)와 산서(山

39

西) 두 성에 펼쳐져 있는 황토고원을 가리키는 말이다. 그 뜻을 의역하면, "이제 모든 고난은 가고 새로운 시대의 문을 여는 일만 남았다"는 의미로 해석할 수 있다. 이 시 앞부분을 풀이하면 다음과 같다.

北國風光 / 千里氷封 / 萬里雪飄 / 望 / 長城內外 / 惟余莽莽 / 大河上下 / 頓失滔滔 / 山舞銀蛇 / 原馳蠟象 / 欲與天公試比高 / 須晴日 / 看 / 紅裝素裹 / 分外妖嬈

해발 천 미터에서 천오백 미터로 평평한 테이블처럼 늘어져 있는 이 고원에는 나무 한 그루 없고 깊게 갈라진 계곡이 마치 조각되어 있는 듯하다. 이들 계곡의 깎아지른 절벽 옆으로 도울들이 많이 뚫려 있는데, 이곳이 사람들이 사는 곳이다. 봄에 계절풍이 불면 고원의 모래와 황토가 날려 상공에 두터운 층이 형성된다. 그러면 지상에는 저녁 무렵의 어스름이 드리워진다. 겨울에는 영하 20도에서 30도까지 내려간다. 황하조차 얼게 하는 추위다. 무수한 얼음 덩어리가 둥둥 떠서 흘러 내려가며 서로 맹렬히 부딪친다. 그럴 때마다 내는 커다란 굉음이 멀리멀리 퍼져 나간다. 날씨는 하루에도 무수히 변한다. 눈이 내리면 광풍에 의해서 오히려 하늘 높이 날아올라 마치 무수한 은색의 뱀들이 난무하는 듯하다. 눈이 멈추고 태양이 눈부시게 내리쬐면 고원에 일어나는 하얀 기복이 분주하게 뛰어다니는 흰 코끼리처럼 보인다. 여기서 더 시간이 지나면 그 형상은 마치 여인네들이 요염한 복장으로 치장하고 춤을 추는 듯하다.

이 시는 전반부로서, 이처럼 중국 북방의 풍광을 찬미한 작품은 중국 문학사에서 보기 힘들다. 시대를 초월하는 묘사로 평가된다. 그야말로 모택동의 시심을 가장 잘 대표한 시로 칭송되고 있다. 우리는 이 시에서 모택동이 그 어려운 이만오천 리 장정을 끝내고 다시 시작하려는 의지를 엿볼 수 있다. 그가 국민당에 쫓겨 서금을 버리고 중국 공산당과 그 군과 노농홍군이 300일 후에 섬서성(陝西省) 북부인 오기진(吳起鎭)이라는 작은 도시에 도착했을 때 남은 병사는 7,000~8,000도 안 됐다. 4,000명이라는 설도 있지만 어찌됐든 간에 처음 서금을 출발할 때의 10만여 병사들이 이 장정 도중에 거의 희생되거나 이탈했음을 보여준다. 그러나 이 지역에서 활동하고 있던 홍제15군단과 합류해 홍일방면군(紅一方面軍)을 만들었다. 그리하여 병력은 1만여 명으로 불어나게 됐다. 그러자 모택동은 이들을 동쪽으로 진군시켜서 산서성 서부, 황하 동안 지역에서 작전을 전개하도록 했다. 그 작전은 1936년 2월에 시작됐다. 바로 그때 이 시를 지은 것이다.

이 시에서 보이듯 이만오천 리 대장정을 통해 그는 그 어떤 괴로움과 고통도 이겨낼 수 있다는 자신감으로 가득 차 있었다. 그래서 그토록 살기 어려운 곳이 그에게는 아름다운 여인들이 고운 옷을 차려 입고 춤을 추듯 황홀하게 느껴졌던 것이다.

이 시의 후반부는 다음과 같다.

江山如此多嬌 / 引無數英雄競折腰 / 惜 / 秦皇漢武 / 略輸文采 / 唐宗宋祖 / 稍遜風騷 / 一代天驕 / 成吉思汗 / 只識彎弓射大鵰 / 俱往矣 / 數 / 風流人物 / 還看今朝

　　강산은 이처럼 말할 수 없이 아름답건만 중국 역사에서 회자되는 무수한 영웅들은 단지 지나간 인물에 불과하다. 진시황은 천하를 통일하고 한무제는 왕조의 융성을 이룩했지만, 그들은 문화를 발전시키지 못했다. 당태종과 송태조도 칭찬할 곳이 없는 인물이다. 난폭하기만 했던 징기즈칸은 비록 아시아와 유럽에 대제국을 건설했지만, 그는 활을 쏴서 큰 독수리를 떨어뜨리는 대단한 솜씨를 지닌 인물에 지나지 않는다. 궁사에 불과할 뿐인 그를 어찌 영웅이라 할 수 있겠나? 그러니 과거의 인물들인 이들은 무시해도 좋지 않겠는가? 그러면 '풍류 인물'은 과연 어디에 있다는 말인가? 그 풍류를 아는 인물이란 바로 나밖에 없지 않은가!

　　다시 말해서 지금까지 위대한 인물들이 많이 나타났었지만 역사를 크게 변화시킨 인물은 없었다고 평가한다. 그리고 지금이야말로 역사가 크게 바뀌고 있음을 강조하면서 마지막 구절에서 자, 이제 오늘을 "보자(看)"라며 외치고 있는 것이다.

　　강산이란 그저 대자연을 지칭하는 말로 볼 수도 있다. 그러나 강산이라는 말은 그저 자연물로서의 강과 산이 아니라 역사에 이름을 남기고 싶은 인간이 눈앞에 펼쳐진 강과 산을 바라보며 말하는 강산이다. 영웅들이 강산을 평정한 후

감회에 차서 "강산을 평정했다"고 읊조릴 때의 바로 그 '강산'인 것이다.

산하는 이름 없고 지위 없고 가난하고 힘없는 젊은이의 귀에 대고 "황제가 돼라! 이 산하는 너를 위해 존재한다"고 유혹하고 있는 것이다. 수많은 왕조가 흥망을 거듭했지만 산하를 품고 있는 대륙이라는 무대는 미동도 없이 굳건히 뜻있는 자를 거느리고 있었음을 그는 이 시로 표현하고 있는 것이다. 이 대륙이라는 무대 위에서 연기한 주역들은 헤아릴 수 없을 정도로 많지만, 그들은 한낱 연기자에 불과하다고 모택동은 보았던 것이다. 그러면서 이제 이 무대를 진정으로 연출할 감독은 자신밖에 없다고 호기롭게 외쳐대고 있었던 것이다. 다시 말해서 그는 이제 국민당과 일전을 치루지 않으면 안 되는 운명 앞에 선 자신을 향해 굳은 결의를 밝히고 전쟁에 임하는 영웅의 기개를 토로한 것이다.

과거 왕조에서 이러한 정도의 포부와 용기를 가지고 시를 쓴 인물은 찾아볼 수가 없다. 모택동은 비록 국민당에 비해서 엄청난 열세에 있었음에도 불구하고 필승의 자신감을 표출하고 있었던 것이다. 이만오천 리 장정에서 얻은 경험과 그 과정에서 얻은 공산당의 최고 권위를 통해 그가 이미 그만한 영웅의 기개를 갖추었음을 이 시는 말해주고 있다.

중국식 혁명이론의 완성

1920년 진독수를 알게 되고 중국 공산당 창립대회에 호남성 대표로 참가해 중앙위원이 된 이래 모택동은 장래 혁명의 성공을 위한 자신만의 혁명이론을 개발하고자 노력했다. 그것이 그가 독서에 파묻히게 된 원인이었다. 또한 모택동은 독서에서 얻은 이론적 지식을 실천적으로 증명하고자 노력했다. 그러한 노력의 첫 시작이 1925년이었는데, 그는 이때부터 이미 호남의 농민운동을 조직하기 시작했고, 이들을 토대로 호남·강서 지역에서 추수폭동(秋收暴動)을 지도하는 등 농민운동을 주도하며 활발하게 혁명운동을 실천해 가고 있었다. 그러다가 거듭된 농민운동의 실패로 혁명의 기운이 퇴조하자, 정강산(井岡山)으로 들어가 소비에트 근거지를 만들어 공농홍군(工農紅軍)을 조직하게 됐던 것이다. 그러고는 이 홍군의 지지 아래 1931년 강서성 서금에 중화소비에트공화국 임시정부를 설립해 주석에 선출됐지만, 중국 국민당군이 포위작전을 벌이며 소비에트 지역에 대한 토벌을 단행하자 이만오천 리에 이르는 장정을 떠나게 됐다. 그러는 도중 귀주성 준의에서 열린 회의를 통해 당의 주도권을 잡으며 섬서성 연안에 근거지를 정하고, 본격적으로 항일운동을 전개하며 농민들의 호응을 얻기 시작했던 것이다.

그 과정에서 그는 자신의 경험과 그동안의 독서를 통해 얻은 지식을 총동원해 1937년에 「모순론」과 「실천론」을 집필

했고, 이러한 이론의 정립은 러시아식 사회주의 혁명과는 다른 중국식 사회주의 혁명이론을 탄생시키는 결과로 이어졌다. 이들 두 가지 이론은 중국 혁명의 절대적인 이론적 기초가 됐고, 혁명 성공 후에 모택동의 정권 유지 또는 정권 재창출의 기초가 되기도 했다.

「실천론」은 1937년 모택동이 연안의 항일군정대학(抗日軍政大學) 철학과에서 수업할 때 한 강의의 일부로, 원래 강의 제목은 '변증법적 유물론'이었다. 전체 8,500자, 3장으로 나뉘어 있는데, 1장은 서론이고, 2장은 「인식론(認識論)」 등이며, 3장은 「유물변증법(唯物辨證法)」이다. 이 중에서 「실천론」은 제2장 중 제11절에 해당하는 부분이다. 내용은 상당히 충실하고 상세하며 거의 완정된 이론이라고 볼 수 있다.

「실천론」은 1937년 4월부터 집필됐는데, 원래 모택동이 강의하고자 예정했던 시간은 100여 시간이었으나, 중일전쟁이 터지는 바람에 강의가 중단되고 말았다. 이후 홍군 총정치부 선전부가 주관해 이들 강의 내용을 정리했다. 이것을 중국 혁명 이후 모택동이 「실천론」 부분만을 따로 떼 내어 직접 본인이 교열하며 새로운 경험과 인식을 통해 약간의 수정을 가한 다음 1950년 12월 19일자 「인민일보」에 발표한 것이 최종 완성된 「실천론」이다.

이러한 「실천론」은 1920년대 후반기와 1930년대 전기에 펼쳐진 국제공산주의운동과 중국 공산당 내에서 성행된 마르크스주의 교조화와 공산국제(코민테른)의 결의 그리고 소련이 경험한 혁명 과정과 국민당과의 장기적인 투쟁 속에서 만들어진 것이다.

당시의 교조주의자들은 중국 혁명을 위해 해 나가야 할 중국적인 구체적 실천을 무시했다. 그저 공산국제의 지시만을 추종하며 이를 중국 혁명에 적용시키고자 했다. 그 대표적인 인물이 왕명(王明, 왕밍)이었다. 이와 동시에 공산당 내부에서는 혁명을 위해(危害)하는 경험주의(이론보다도 경험에 의해 노선을 추종하는 경향)의 착오경향이 존재하고 있었는데, 경험주의와 교조주의는 실질적으로 주관과 객관이 서로 떨어져 있고, 인식과 실천이 서로 분열되어 있는 주관주의적 판단에 의한 산물이었다. 따라서 이들은 모두 마르크스-레닌주의 이론과 중국 혁명의 구체적 실천이 서로 결합된다는 원칙을 부인했던 것이다.

그러한 상황이었기에 철학적으로 마르크스-레닌주의의 보편적 진리를 중국 혁명의 구체적 실천과 서로 결합시켜서, 각종 형식의 주관주의적 착오를 비판하고, 이러한 결합의 필요성을 논증하며, 이러한 결합의 인식론과 방법론의 기초를 실현하여 중국 공산당원들을 사상이론으로 무장시키는가가 그의 과제였다. 그러한 생각의 결정체가 바로 「실천론」이었던 것이다.

「실천론」은 유물변증법적 입장에서 생각한 바를 해명한 것으로, 이를 '지(知)'와 '행(行)'이라는 중국 철학사의 전통적인 주제를 가지고 마르크스주의적 입장에서 해답한 것이다. 즉 중국 철학사의 전통적인 흐름 위에 마르크스주의를 자리매김

하려는 의도를 가진 논문이라 할 수 있다.

이처럼 「실천론」은 중국 혁명의 역사적 경험을 마르크스-레닌의 사상에 결합시켜 그 역량을 발휘하게 함으로써, 인식이 발전해 나갈 수 있다는 이론을 창조적으로 제시했다. 즉 실천의 기초 위에서만 인식의 발전이 끊임없이 심화될 수 있다는 내용으로, 「실천론」은 마르크스주의 인식론의 기본이론을 심화시켰을 뿐 아니라 실천이 생각하고 있는 사상 중에서 행해지는 작용을 체계적으로 논술했다.

여기서 더욱 중요한 것은, 「실천론」이 중국 공산당의 실사구시(實事求是)의 사상 노선에 인식론을 부합시키는 기술적 측면을 제공했다는 데 있다. 즉 「실천론」은 중국 혁명 경험의 교훈을 종합하여 이론과 실천의 결합이 필수적임을 천명함으로써, 주관과 객관이 동시에 일어나지 않고 오히려 분열만을 일으키는 교조주의와 경험주의의 착오를 반대했던 것이다. 따라서 실사구시를 실현하려면 신속히 「실천론」을 시행하고, 이를 시행해 가는 가운데 겪게 되는 많은 변화를 통해 인식도 계속 심화할 수 있다는 논리였다. 다시 말해서 「실천론」은 당의 실사구시 사상 노선의 이론적 기초였던 것이다.

종합적으로 말해서 "객관현실세계의 변화운동은 영원히 완결되지 않고, 인간이 실현하고자 하는 진리의 인식도 영원히 완결되지 않는다. 그렇기 때문에 사회주의의 현대화 건설도 많은 곤란을 겪게 되는데, 그러한 곤란을 일으키는 새로운 상황에 대해 부단한 연구가 필요하고, 이를 통해 구태의 잘못을 타파하고 새로운 문제를 해결해 새 국면으로 이끌어 가야 한다. 그렇게 해야만 중앙의 정확한 노선, 방침, 정책, 방법의 운용을 위한 주관과 객관의 통일을 이룰 수가 있다. 따라서 이론과 실천의 결합은 반드시 이루어져야 한다"는 말이다.

이렇듯 실천론에서 발휘되고 있는 변증법적 유물주의 인식론의 원리는, 중국의 능력을 개조하고 혁명정신을 진작시켜 사회주의 현대화 건설을 효과적으로 진행하는 데 탁월한 역할을 함으로써 중국 혁명의 완수에 중심 사상이 됐다.

「모순론」도 1937년 연안에 있는 항일군정대학 철학과에서 강의한 내용 중의 한 부분이다. 전문 약 2만 3,000자에 이르는 것으로, 이 강의 내용 중 제3장 제1절의 '모순통일법칙'을 수정해 완성한 것이다. 「모순론」도 여러 곳에서 출판된 바 있으나, 모택동이 친히 교정해 1951년 4월 1일자 「인민일보」를 통해 발표한 것이 가장 정확하다.

「모순론」이란 레닌이 주장한 '대립물 통일의 법칙'이라는 변증법관을 모택동이 받아들여 이를 '모순'이라는 이론으로 체계화한 것을 말한다. 「모순론」의 기본 내용은 다음과 같다.

첫째, 누구나가 인정하는 규율(規律) 속에도 대립(對立)이 있게 마련인데, 이 대립하게 되는 원인을 체계적으로 설명하고, 대립하는 가운데 발생되는 에너지를 활용하게 하는 것으로, 이는 유물변증법의 핵심이며 중심 사상이다.

둘째, 모순의 보편성과 특수성의 관계는 모순 문제의 핵심 사상이다. 모순의 보편성과 특수성은 기존의 객관적 사물이

운동하며 발전하는 중에도 존재하고, 인간의 주관적 사유에 의한 운동의 모순 중에도 존재한다는 것으로, 우리가 가진 모순을 인식하고 그 모순을 해결하는 데 있어서, 이 보편성과 특수성이 모두 다 중요한 지위를 가진다는 말이다.

셋째, 주요 모순과 주요 모순 방향의 원리를 더욱 깊게 설명했다. 즉 모순을 연구하는 중요한 임무는, 주요 모순과 다음에 필요로 하는 모순 그리고 모순의 주요 방향과 다음에 원하는 방향을 구별하는 데 있다고 했다.

이러한 「모순론」의 기본 사상은, 실사구시를 확실히 실시하기 위해 마르크스주의 사상 노선을 철학적 기초 위에서 정립시켜야 한다고 주장한 점이다. 그러기 위해서는 유물주의 변증법 방면에서 마르크스주의의 보편적 진리와 중국 혁명의 구체적 실천을 서로 결합시켜야 한다고 보았다.

「모순론」은 중국사회, 중국 혁명과 중국 혁명전쟁 중에서 나타났던 매 단계에서의 모순, 즉 하층계층과 상층계층 간의 모순, 생산과 생산력의 모순, 그리고 이들 모순을 극복한 뒤에 다시 발생되는 모순에 대해서는 또다시 당시의 현실 속에서 해결점을 찾아야 하는데, 이러한 모순을 해결해 나가는 과정에서 사회가 발전한다는 유물변증법의 중국적 이론의 표현이다.

이 이론은 모택동이 공산당 내의 주관주의, 특히 교조주의를 반대하는 운동을 실천하는 가운데서 얻어낸 중요한 이론적 성과였다. 그리고 이 이론을 통해 이들 교조주의를 타파한 후 공산당원의 마음속에 자리 잡고 있던 이들 철학적 요소를 발본색원(拔本塞源)했고, 중국 공산당과 국민당이 대결할 때, 중국 인민 대중이 일제 침략자들에게 저항하도록 하는 데 주요 지도이념으로 활용됐다. 그리고 중국 혁명을 완수한 이후에는 사회주의 현대화 건설, 나아가 오늘날 중국식 사회주의를 유지하는 데에도 중요한 지도이념으로 이용되고 있다.

공산주의 혁명의 완성

백전백승의 전략전술

모순론, 실천론과 같은 이론은 대중을 정신적으로 무장시키고 공산당원들의 단결력을 촉구하는 데에는 큰 공헌을 했지만 전쟁에 임해서는 전략전술이 매우 중요하지 않을 수 없다. 모택동의 전략전술은 시세의 변화와 지형 등에 따라 신출귀몰하게 달랐다. 그러나 그의 전술에는 공통적인 기본 원칙이 있었으니 바로 홍군 내의 규율이었다. 홍군은 규율을 통해 작전을 일원화하고 유기적으로 작전을 진행했는데, 그것은 농민과의 합작 없이는 불가능한 것이었다. 홍군의 규율은 아무리 군사작전 중이어도 농민에게 조금의 경제적, 정신적 피해가 없도록 조치하는 것이었으며, 노농 대중이 자발적으로 홍군에 도움을 줄 수 있도록 유도하는 전술이기도 했다. 그것은 중국 농민의 잠재되어 있던 민족주의를 부추겼고, 국민당에 비해 무기와 전비(戰費)가 엄청나게 부족했음에도 불구하고 국민당군을 퇴치할 수 있었던 배경이었다.

이러한 군의 기강은 홍군 조직 초기부터 내부적으로 규정되어 지켜지고 있었으나 그 구체적 내용은 시기와 부대에 따라 약간씩 변화했다. 그러다가 '3대 규율, 8항 주의'라는 명칭으로 확정된 것은 제2차 국내혁명전쟁 시기였다.

3대 규율에는 ① 모든 행동은 지휘에 복종할 것 ② 대중의 바늘 하나 실 한 올이라도 가지지 말 것 ③ 모든 노획물은 조직에 바칠 것 등이 있었고, 8항 주의는 ① 말은 친절하게 할 것 ② 매매는 공평하게 할 것 ③ 빌려 온 물건은 돌려 줄 것 ④ 파손한 물건은 배상할 것 ⑤ 사람을 때리거나 욕하지 말 것 ⑥ 농작물을 해치지 말 것 ⑦ 여자를 희롱하지 말 것 ⑧ 포로를 학대하지 말 것 등이었다.

이러한 내부 규율을 바탕으로 노농홍군의 기강이 바로 서자 모택동은 이들을 활용할 수 있는 신출귀몰한 전술전략을 통해 공산혁명을 성공적으로 이끌었다. 그 전략전술의 기본 원칙은 1937년 중일전쟁이 시작되면서 실행됐고, 공산당은 이를 통해 국민당뿐 아니라 일본 제국주의군까지도 물리치는 획기적인 성과를 거두었다. 그 기본 전략전술은 다음과 같다.

① 우세한 병력을 집중시켜 적을 각개 섬멸시키는 작전 방법은 전역상의 배치뿐 아니라 전술상의 배치에서도 적용해야 한다.

② 전역상의 배치에서 적들이 여러 개 '여(旅)'(또는 '단(團)')를 사용해 몇 갈래로 아군을 향해 진격해 올 때, 아군은 절대적으로 우세한 병력을 집중시켜, 즉 적의 6배 혹은 5배 혹은 4배나 되는 병력, 적어도 3배는 되는 병력을 집중시켜 적당한 시기에 우선 적군(敵軍)의 한 개 '여'(또는 '단')를 포위 공격해야 한다. 이 적군의 '여'(또는 '단')는 적군의 여러 '여'들 가운데서 비교적 약하거나 지원이 비교적 적거나 그 주둔지의 지형과 민정이 우리에게 유리하고 적에게는 불리해야 한다. 아군은 소수의 병력으로 적군의 그 나머지 각 '여'(또는 '단')를 견제해 그들이 아군에게 포위공격당하고 있는 '여'(또는 '단')를 신속히 증원할 수 없게 함으로써 아군이 우선 이 '여'(또는 '단')를 섬멸시키는 데 이롭게 해야 한다. 목적이 달성된 후에는 상황을 보아 혹은 적군의 한 개 '여' 내지 몇 개 '여'를 더 섬멸시키거나 군을 철수시켜 휴식 정비하면서 다시 싸울 수 있도록 준비해야 한다. 전역의 배치에 있어서, 적을 경시하는 까닭에 병력을 고루 나누어 여러 갈래의 적에 대처하게 되면, 적을 한 갈래도 섬멸시키지 못하고 자신이 피동적 위치에 빠지게 되므로 그런 그릇된 작전방법은 반드시 반대해야 한다.

③ 전술상의 배치에서 아군이 이미 절대적으로 우세한 병력을 집중시켜 적군의 여러 갈래 중의 한 갈래(한 개 '여'

또는 한 개 단을 포위했을 때 공격을 담당한 아군의 각 병단 (또는 각 부대)은 우리에게 포위된 적을 한꺼번에 전부 섬멸 시키려는 생각에서 병력을 골고루 나누어 전면적으로 공격 하면, 어느 한 곳에서도 성공하지 못하고 시간만 지연시키 며 효과를 거두기 어렵게 될 것이므로 이렇게 해서는 안 된 다. 이와는 반대로 절대적으로 우세한 병력을 집중시켜, 즉 적의 6배, 5배, 4배, 적어도 3배는 되는 병력을 집중시키는 동시에 전부 또는 대부분의 포병을 집중시켜 적군의 여러 진지 중 비교적 약한 한 곳(두 곳이 아니다)을 선택해 맹렬히 공격함으로써 그것을 반드시 공략하도록 해야 한다. 목적이 달성된 후에는 신속히 전과를 확장시켜 그 적을 각개 섬멸 시키도록 해야 한다.

④ 이런 전법의 효과는 첫째, 전멸시킬 수 있는 것이고, 둘째, 속전속결할 수 있다는 점이다. 적군에게 가장 효과적 으로 타격을 가해 적군의 한 개 단이 섬멸되면 한 개 단이 줄어들게 되고, 한 개 '여'가 섬멸되면 한 개 '여'가 줄어들 게 된다. 제2선 병력이 결여된 적을 공격하는 데는 이런 전 법이 가장 효과적이다. 전멸시켜야만 자신을 가장 충분히 확충할 수 있다. 현 시기에서 이것은 우리 군의 무기탄약의 주요한 원천일 뿐 아니라 인원의 중요한 원천이다. 전멸시 키면 적은 사기가 하락되고 풀이 죽게 되며, 우리는 사기가 높아지고 의기가 분발된다. 속결하면 아군은 적군의 증원부 대를 각개 섬멸할 수 있고, 적군의 증원부대를 피할 수도 있 다. 전술상 및 전역상의 속결은 전략상의 장기적 지탱에 필

요한 조건이다.

⑤ 지금 아군의 간부 중에는 평소에는 병력을 집중시켜 적을 각개 섬멸시키는 원칙에 찬성하지만, 정작 작전할 때는 왕왕 이 원칙을 적용하지 못하는 사람이 아직도 많다. 이것은 적을 경시한 결과이며 교양을 강화하지 않고 잘 연구하지 않은 결과이다. 작전의 실례들을 상세히 들어 이러한 작전방법의 좋은 점을 반복적으로 설명해주고, 그것이 장개석을 공격해 승리하는 주요한 방법이 된다는 것을 지적해주어야 한다. 이러한 방법을 쓰면 승리하고 위반하면 패배한다.

⑥ 병력을 집중시켜 적을 각개 격파하는 원칙은 지금에 와서 제기된 것이 아니라 우리 군이 건군 이래 근 20년간 사용해 온 훌륭한 전통이다. 그러나 항일 시기에 우리 군은 병력을 분산시켜 유격전을 주로 하고 병력을 집중시켜 운동전을 보조로 했다. 지금의 내전 시기에는 형편이 달라졌으니만큼 작전방법도 달라져야 한다. 즉 우리 군은 병력을 집중시켜 운동전을 벌이는 것을 주로 하고, 병력을 분산시켜 유격전을 실시하는 것은 보조로 해야 한다. 더욱이 장개석군의 무기가 강화된 조건 아래서 우리 군은 우세한 병력을 집중시켜 적을 각개 섬멸시키는 작전방법을 특히 강조해야 한다.

⑦ 적이 공격하는 위치에 있고, 우리가 방어하는 위치에 처하게 될 때는 반드시 이 방법을 적용해야 한다. 적이 방어하는 위치에 있고 우리가 공격하는 위치에 처했을 때는 두

가지 상황을 구별해 각각 다른 방법을 취해야 한다. 아군의 병력이 많고 당지의 적군이 비교적 약하거나 아군이 적에게 불의의 습격을 가하는 경우에는 몇 개 부분의 적군을 동시에 공격할 수 있다. 아군의 병력이 부족할 경우에는 몇 개 도시의 적들을 동시에 공격하지 말고 적군이 점령하고 있는 여러 도시를 하나씩 탈취해야 한다.

⑧ 아군의 주력을 집중시켜 적을 섬멸할 때에는 지역 병단, 지역 유격대 및 민병의 적극적인 활동과 상호 호응토록 해야 한다. 지역 병단(또는 부대)이 적의 한 개 '단', 한 개 '영(營)', 한 개 '연(連)'을 공격할 때에도 병력을 집중시켜 적을 각개 섬멸시키는 원칙이 적용된다.

⑨ 병력을 집중시켜 적을 각개 섬멸시키는 원칙은 적군의 역량을 섬멸시키는 것을 주요 목표로 하고 지역을 지키거나 탈취하는 것을 주요 목표로 하지 않는다. 어떤 경우에는 병력을 집중시켜 적군을 섬멸할 목적으로 혹은 아군의 주력이 적군에게 심각한 타격을 받지 않게 함으로써 휴식을 취하고 전열을 정비한 후, 다시 싸우는 데 이롭게 할 목적으로 일부 지역을 포기하는 것은 용서할 수 있다. 오직 아군이 적군의 역량을 대량으로 섬멸시키기만 한다면 잃었던 땅을 회복하고 새로운 지역을 탈취할 수 있다. 그러나 무릇 적아의 역량관계로 보아 지키거나 탈취할 수 있는 지역과 전역에서 전술적으로 의의를 가지는 지역은 반드시 지키거나 탈취해야 한다. 그렇지 않으면 오류를 범하게 된다.

이러한 전략전술은 마침내 중국에서 일본 제국주의와 국민
당을 몰아내는 데 전적으로 주효했고, 중국에서 중국 혁명을
실현시키는 근본 배경이 됐던 것이다.

만주 지역의 장악과 국민당의 축출

1930년 장학량은 중원대전(中原大全)을 계기로 북경에 주둔
하게 됐는데, 바로 그 이듬해 만주사변(滿洲事變)이 일어나 일
본군이 만주를 일시에 지배했다. 그러자 장학량은 동북으로
돌아가지 못하고 관내(關內)에 남게 되고 말았다. 더구나 장개
석의 지시로 일본에 저항하지도 못한 채 관내에서 '부저항장
군(不抵抗將軍)'이라는 비난을 받아야 했던 장학량은 관내에
남아 있던 2만 5,000명의 동북 병사들을 달랠 수밖에 없었다.
그러나 젊은 지식 청년 문사(文士)와 장교들이 국민당의 그러
한 비민족적 처사에 순종할 리 없었다. 그들은 자연히 상대적
으로 항일을 외치고 있던 중국 공산당의 정치적 영향을 받지
않을 수 없었다. 따라서 그들 대부분은 자연히 민족주의자에
서 공산주의자로 전향했다.

당시 국민당의 국내 통일정책과 자신의 기반을 침탈한 일
본에 대항해야 한다는 이중적 모순에 빠진 장학량이 선택해야
할 진로는 자기 휘하 부대원의 동향과 자기 관할 지역의 인심
에 따르는 길이었다. 결국 그는 1936년 12월 12일 서안사변
(西安事變)을 일으킴으로써 국공합작(國共合作)에 의한 항일민

족통일전선을 준비하는 역할을 하게 됐다.

그러나 이러한 국면 전환의 요인이 단지 장학량과 그의 부하들의 민족주의적 정서 혹은 공산주의적 경향에 의해서만 일어난 것은 아니었다. 동북 지역에서 이미 중국 공산당을 중심으로 한 동북항일연군(東北抗日連軍) 조직이 이미 3만여 명에 달하는 큰 군사세력을 형성하면서 일본 및 만주국과 대치하고 있었고, 이들이 1938년까지 무장저항과 유격전술로 맞서면서 거둔 현실적인 성공이 보다 크게 작용했던 것이다.

서안사변 이후 남경으로 같이 온 장학량은 장개석에게 곧 체포되어 군법회의에서 징역 10년의 판결을 받아 감금되는데, 이듬해 1월 특사 처분을 받으면서도 감금생활은 계속됐다. 10년째가 되는 1946년에도 이 감호생활이 풀리지 않고 11월에 대만으로 호송되는데, 그 원인에는 다음과 같은 두 가지를 염두에 두어야 할 것이다.

첫째, 장개석이 동북 지역의 중요성을 알고 이 지역을 자신의 통치 아래 두어야 했는데, 장학량을 풀어 주어 그가 동북 지역을 장악하게 되면 그에 대한 통제가 쉽지 않을 것이라 판단했다. 둘째, 장학량과 공산당이 연계해서 동북 지역이 공산당의 지배 아래 들어갈 것을 염려했다.

그러나 동북군의 총수인 장학량을 감금한다고 해서 동북 지역이 국민당의 지배 아래 들어오는 것은 아니었다. 국민당군에게 냉대를 받고 있던 동북군은 공산당의 지도 아래 점점 공산주의자로 전향했고, 공산당은 대일 항전을 통해 국민당의 소공작전(剿共作戰)을 만회하려고 애쓰면서 점점 동북 지역에서 자신들의 세력을 강화해 나갔다.

이 와중에 1945년 일본의 항복과 함께 국공 양당은 동북 지역의 지배를 둘러싸고 본격적으로 대립하기 시작했다. 국민당은 얄타회담의 합의사항을 근거로 동북 지역에 대한 자신들의 통치권 행사를 주장하고, 이미 들어와 있던 소련과 '중소우호동맹조약'을 맺어 그들의 간섭을 배제하려고 했지만, 일본군에 몰린 나머지 그 주력이 사천(四川), 운남(雲南), 귀주(貴州)에 포진해 있던 국민당군이 미국 공군의 도움을 받아 대량 공수작전을 편다 해도, 이미 열하(熱河), 요녕(遼寧), 하북(河北), 산동반도(山東半島)에 있던 팔로군보다 먼저 동북 지역에 들어가는 것은 무리였다.

이미 이러한 판세를 읽고 있던 모택동은 공산당 중앙위원 1/3가량을 동북 지역으로 보내 해방구(解放區)를 만들었고, 중경(重慶)에서 활동하던 '유망동북인(流亡東北人)'들도 속속 귀환시킴으로써 1945년 말에는 이미 27만의 해방군 병력을 갖추게 됐다. 이들은 1946년 1월, '동북민주연군(東北民主連軍)'으로 개조되어 임표(林彪, 린뱌오)를 총사령원으로 하고 팽진(彭眞, 펑전)을 정치위원에 임명해 조직을 체계화했고, 이후에는 진운(陳雲, 천윈)을 정치위원으로 보강했으며 장문천(張聞天, 장원톈)을 파견해 동북 해방구의 체제를 더욱 강화했다.

이렇게 중국 동북 지역에 대해 관심을 가진 것은 일제가 만주국을 세워 자국의 영토로 인지한 다음 개발과 투자를 집중

함으로써 이 지역이 경제적으로 상당히 발전했기 때문이다. 일제는 조선 등 다른 식민지국과는 달리 이 만주국을 진정한 자신들의 나라로 여겼다. 다시 말해 자원을 수탈하고 자신들이 만든 물품을 파는 소비시장으로만 여기지 않았던 것이다.

따라서 이런 경제적 발전 지역을 수중에 넣으면 엄청난 전투효과를 볼 수 있었다. 특히 국민당에 비해 경제적으로 상당히 열세였던 중국 공산당 입장에서는 반드시 선점해야 할 지역이었다. 모택동은 이러한 문제를 예지하고 신사군과 팔로군을 일본군과 직접 대치하는 위험 지역인 하남성(河南省), 산서성 일대의 태항산(太行山) 지역으로 보내 이 지역에서 저항하는 한편, 틈만 나면 곧바로 동북 지역으로 진출하려는 야심찬 전략을 이미 세우고 있었다.

이는 중국 대륙을 장악하느냐 못하느냐 하는 헤게모니 싸움이기도 했다. 실제로 요심(遼瀋, 요녕성과 심양) 전역, 평진(平津, 북평(북경)과 천진)전역, 그리고 회해대전(회하(淮河)를 중심으로 하는 전역)에서 이 동북민주연군이 가장 중추적인 활동을 함으로써 국민당군을 대만으로 몰아내고 중국 전역을 통괄하게 된 것은 모택동의 뛰어난 전략 덕분이었다.

당시 동북민주연군의 지휘자인 임표는 제4야전군을 지휘해서 일부는 해남도(海南島)까지 진출케 했는데, 이들의 주된 임무는 무기, 탄약, 식량 등 동북 해방구의 풍부한 물자를 중국 전역에서 국민당군과 대치하고 있는 공산당군에게 지원하는 것이었다. 이는 동북 해방구가 군사력을 경제적으로 지원했다는 의미로, 동북 해방구의 정치적, 군사적, 경제적 역할이 신중국 수립에 얼마나 중요한 역할을 했는가를 알려준다.

이러한 동북 해방구의 경제력 강화는 일제가 만주국을 경영하면서 축적한 경제적 기반이 중국 공산당의 토지정책과 광공업 생산을 중심으로 전후 부흥책에 의해 재편성됨으로써 현실화됐다. 특히 1948년과 1949년에 걸쳐 사회주의식 계획경제가 동북 지역에서 예행연습으로 진행됐는데, 이를 담당했던 중심인물인 진운과 이부춘(李富春, 리푸춘)이 1950년대 초에 중앙으로 이동해서 전국적인 제1차 5개년 계획경제를 담당하고 이 지역에서 행정 간부들을 양성한 점, 그 이후 문화대혁명 이전까지 실권을 장악했던 임표 등이 이 지역을 기반으로 나타났다는 점을 보면, 중국 현대사가 이 지역의 영향 아래서 좌우됐다는 점을 알 수 있을 것이다.

이러한 모든 전략이 이미 중일전쟁이 시작된 시점부터 모택동에 의해 세워지고 추진됐다는 점, 그의 전략전술이 앞 절의 군 전술과 함께 중국 혁명을 성공시키는 핵심 요인이었다는 점에서 중국인들이 왜 모택동을 신과 같은 인간으로 평가하는가를 짐작할 수 있다.

새 중국의 건설과 곡절

민주당파의 등장

국민당을 대만으로 쫓아 보낸 모택동의 다음 행동은 신속하게 자기 식 중국을 건설하는 일이었다. 그러나 모든 인물들이 그렇듯이 자신의 적을 물리치는 데는 일가견을 가졌다 해도 적을 물리친 후 자신의 생각을 실천에 옮기는 일은 전연 다른 것이다. 그러한 현실이 모택동에게도 다가왔다. 그의 유토피아적인 사고를 현실세계에 실현한다는 것은 너무나도 어려운 일이었다. 더군다나 인구 4억이 넘는 엄청난 규모의 나라를 자기 식 유토피아로 만들겠다는 구상은 일종의 정신병 환자의 환상과 같았다.

그러나 국민당과의 싸움에서 이겨서 자신감이 지나쳤던 모택동은 이런 일을 저지르고 말았으니 이 또한 중국의 운명이었는지도 모른다. 어쨌거나 모택동은 이러한 자신의 계획을 보다 많이, 보다 빨리 진행시켜 나갔다.

모택동은 1956년에 국민경제의 사회주의적 개조를 완성했다. 그는 소련을 유일한 모델로 삼아 일을 진척시켜 나갔는데, 상업에서는 공업을 우선시했고, 5개년 계획을 반복해서 실시했다. 1953년에 시작한 제1차 5개년 계획이 끝나자 1957년부터는 제2차 5개년 계획을 시작했다.

또한 그는 이를 바탕으로 사회주의 건설을 시작했다. 1958년 중국 공산당은 '사회주의 건설의 총노선'을 제기했다. 그 슬로건은 "모든 인민들이 의기투합해서, 언제나 높은 목표를 향해, 보다 많이, 보다 빨리, 보다 좋게, 보다 건설적으로, 사회주의를 건설하자(鼓足幹勁, 力爭上遊, 多快好省的建設社會主義)"는 것이었다.

이에 따라 청나라의 잔재를 없애고 봉건주의의 쓴 공기를 개방해야 한다는 취지 아래 '백화제방, 백가쟁명(百花齊放, 百家爭鳴)'의 슬로건이 제창됐다. 즉 마르크스주의는 강제로 하는 것이 아니라, 자유로운 토론 속에서 점차 인정받을 것이라는 주장이었다. 이러한 구체적인 뜻을 세상에 알리기 위해 1956년 5월 중국 공산당 중앙선전부장 육정일(陸定一, 루딩이)이 이 '백화제방, 백가쟁명'이라는 주제로 강연을 했다. 그는 다음과 같이 말했다.

"우리들이 주장하는 백화제방, 백가쟁명 정책은 문학·예
술 활동과 과학연구 분야에서 자신의 머리로 생각하는 자
유, 변론의 자유, 창작과 비판의 자유, 자신의 의견을 발표
하고 자신의 의견을 견지하며 자신의 의견을 지키는 자유를
갖자는 것이다."

　백 가지 꽃이 일제히 피듯이, 또 춘추전국시대의 제자백가
가 자신의 주장을 논의(爭鳴)했던 것처럼 학술과 문학·예술 분
야에서 자유로운 분위기를 만들자는 의미였다. 따라서 대학
에서는 유물론 철학만을 가르치는 것이 아니라 관념론 철학을
가르쳐도 좋고, 문학·예술의 창작에서는 사회주의 리얼리즘
방법에 따르지 않아도 된다고 했다. 그야말로 파격이었다. 이
러한 일종의 자유화는 지식인들에게 즐거움을 가져다 주었다.
　그러나 문제는 이러한 정책이 모택동이나 중국 공산당의
자체적인 아이디어도 아니고 당시의 중국 상황에서 필요해서
나온 정책이 아니었다는 점이다. 이 '백화제방, 백가쟁명' 정
책은 소련 지도자 스탈린(1889~1953)의 사망으로 소련 사회가
변화되면서 나타난 현상을 추종하는 과정에서 나타난 정책이
었던 것이다.
　1956년 2월, 소련 공산당 제20회 당 대회에서 흐루시초프
제1서기는 "사회체제가 다른 나라와도 평화공존이 가능하다.
사회주의로 이행하는 데는 혁명의 다양성이 필요하다. 이를
위해서 의회를 통해 이러한 정책이 평화적으로 수행돼야 한

다"고 말했다. 이것은 비밀통치를 자행한 스탈린의 정책을 근본적으로 없애기 위한 흐루시초프의 과감한 결단에서 비롯된 것이었다. 그 결과 1956년 4월부터는 비스탈린 조류가 흐르기 시작했고, 더불어 국제공산주의 운동조직인 코민테른도 해체됐다.

중국 공산당은 이러한 소련의 변화를 1956년 5월에 받아들여 중국 내에 새로운 흐름을 만드는 차원에서 이 '백화제방, 백가쟁명' 슬로건을 내걸었던 것이다. 이렇게 되자 공산당에 대한 비판이 시작됐고, 더불어 정국은 민주당파가 주도권을 잡는 방향으로 흘러갔다. 소위 주자파(走資派)인 민주당파는 소련의 영향 아래 모택동이 지향하려는 정책을 견제하고 그의 위상을 깎아내리려는 경향을 띠게 됐다.

그리하여 1956년 9월에 중국 공산당은 제8회 당 대회를 개최하여 새로운 당 규약을 채택했고, 종래의 모택동 사상이라는 용어를 전면적으로 삭제하기에 이르렀다. 그리고 당의 일상 업무를 처리하는 중앙 서기처를 신설하여 당 주석이 독단적으로 전횡할 수 없도록 했고, 명예주석 칭호도 준비하여 모택동을 은퇴하는 쪽으로 유도했다. 이러한 민주당파의 주류는 유소기(劉少奇, 류사오치)와 총서기에 임명에 임명된 등소평이었다. 이들은 중앙 서기처를 장악함으로써 '백화제방, 백화쟁명'의 시대를 주도했던 것이다.

반우파투쟁

민주당파의 득세로 인해 일선에서 밀린 모택동은 1957년 중요한 연설을 했는데, 그 주요 내용은 중국 공산당은 정풍운동(整風運動: 활동 방법을 개선하고 쇄신한다)을 해야 한다는 것이었다. 그리하여 당의 결점을 비판하는 것이 장려(명방(鳴放)이라 일컫는다)됐고, 이를 위해 언론의 제한을 대폭 완화시켰다.

이를 계기로 중국 공산당과 사회주의 체제에 대한 비판이 공공연하게 회자되고, 보다 예리하게 현실을 비판하는 사람들이 늘기 시작했다. 결국 자신을 깎아내리는 민주당파의 자유분방한 자본주의적 발상과 자유 등에 대해 비판을 가하기 시작했던 것이다.

그러자 민주당파와 중국 공산당 간에는 치열한 공방전이 벌어졌는데, 그것이 너무 악화되어 사회적으로 이분될 위기에 처하자 중국 공산당과 민주당파는 관계를 개선하기 위해 '장기 공존, 상호 감독'이라는 슬로건을 동시에 제창하고 그러한 불행한 사태를 막자는 데 의견 일치를 보았다.

그러나 이러한 타협은 내면적으로 민주당파의 비판을 더욱 고조시켰다. 이러한 상황을 두고 당시 사회에서는 '명방(鳴放)'이 '대명대방(大鳴大放)'으로 발전했다고 평했다.

이러한 '대명대방'의 물결을 주도한 대표적인 사람은 저안평(儲安平, 추안핑), 장백균(章伯鈞, 장바이쥔), 장내기(章乃器, 장나이치) 등으로 그들의 비판은 통렬하기까지 해서 대중으로부터 엄청난 환영을 받았다.

저안평은「광명일보(光明日報)」의 편집장이면서 민주동맹원으로 중국 공산당을 통렬히 비판했다. 예를 들면 그는 "신 중국 수립 처음에는 중앙 인민정부 내 6인의 부주석 가운데 반 이상이 공산당원 밖에서 임명되어 '연합정부'적 성격이 강했는데, 지금은 12명의 부총리 중 단 1명의 비당원도 없다"고 지적하면서, 사람마다 능력이 다른 법인데 당원의 안색을 보고 일을 하는 등 천하가 중국 공산당의 것인 양 '당의 천하'가 되고 있다고 비판을 가했다.

장백균은 농공민주당 주석이자 민주동맹 부주석이었다. 그는 서구형 의회정치를 제안하면서 4개의 '정치 설계원'을 만들어 민주당파 인민단체도 정치의 기본 문제를 토의할 수 있도록 하자고 요구했다. 장내기는 민주건국 부주임이자 국무원 식량부 부장이었는데 스탈린의 "공산당원은 특수한 재료로 만들어졌다"라는 말을 인용하면서 당원이 오만해졌다고 지적했다.

이들 연설 내용은 각 대학, 극단, 영화제작소, 대자보 등을 통해 전국에 알려졌고, 동인잡지의 간행, 공개 연설 등으로 중국 전체가 소란해졌다. 북경대학 학생들은 야외 연설장에서 이들의 영향을 받아 자유롭게 발언하며 이 흐름에 동참했다.

그러한 영향 아래서 호북성(湖北省) 한양제일중학 학생들 1,000명이 중국 공산당 한양현위회와 현(縣) 정부를 습격하는 사건이 발생하기에 이르렀다. 1957년 6월, 이러한 사태가 더욱 극명해지자 공산당도 이에 대항하기 위해 민주당파를 공격하기 시작했다. 「인민일보」가 '노동자가 입을 열다'라는 제목의 사설을 통해 '대명대방'의 언론을 비판할 것을 요구했고, '대명대방'을 주장하는 자들을 우파분자라고 부르면서 이들에 대항해야 한다며 '반우파투쟁'을 시작했던 것이다.

첫 비판 대상은 스탈린 문학상을 수상한 여류 작가인 정령(丁玲, 딩링)이었다. 정령은 곧바로 당에서 제명됐고, 일체의 공식석상에 모습을 보이지 못했다. 그 이후부터는 우파분자로 낙인찍힌 자는 모든 공식석상은 물론 외국인과의 접촉도 불허됐다. 이러한 조치는 법률 적용이 안 됐기 때문에 처분이나 마찬가지였다. 이러한 일이 터지자 중국 지식인들은 침묵을 지켰다.

모택동이 이러한 운동을 전개한 까닭은 지극히 단순했다. 제8회 당 대회 이후 자신이 세력을 잃고 있다고 판단했던 것이다. 그래서 자신이 적극적으로 '명방'을 추진했으면서도 그 책임을 민주당파 쪽에 섰던 유소기, 등소평에게 떠넘겼다. 모택동은 이들을 우파로 몰아붙임으로서 자신의 세력을 만회하고자 했던 것이다.

이렇게 자신의 정치적 세력을 다시 획득한 그는 자신의 인기를 만회하기 위해 전국적으로 인민공사를 설립하면서 정치적 지도력을 발휘하기 시작했다.

인민공사의 설립과 대약진운동

　인민공사는 1956년 8월을 기해 전국적으로 설립됐다. 신 중국이 수립되기 이전에 모택동은 지주가 소작료를 챙기는 '봉건적 토지소유제'가 행해지는 한 농촌의 발전은 없다고 판단하고 신 중국이 수립되자마자 농촌 지역에 있는 지주의 토지를 무상으로 몰수해 농민에게 균등하게 나누어 주었다. 심지어는 뱃속에 있는 아기의 몫까지 계산해서 균등하게 나누어 주었다. 그렇게 중국 역사에서 '봉건적 토지소유제'는 영원히 사라졌던 것이다.

　그러나 생각지도 않은 곳에서 문제가 불거졌다. 토지만 나눠 주면 농민들의 생활이 나아질 것이라고 생각했던 모택동은 농민들이 단독 경영하면 생산성이 생활을 유지할 수 없을 정도로 낮아진다는 점을 등한시했던 것이다. 이로써 농민들의 생활은 오히려 토지 분배 이전보다 훨씬 못하게 됐다. 이러한 현상은 모택동이 민주당파에게 다시 공격받는 구실 중 하나가 됐다. 그리하여 고안해 낸 것이 농민이 서로 노동력을 제공하고, 집단적으로 작업하는 호조조(互助組)의 출범이었다. 그 목적은 토지를 집단적으로 이용해 공동 생산을 하게 한 다음 수확기에 생산협동조합을 발족시켜 수확한 것을 분배하게 하는 것이었다. 그런 후 이들 생산협동조합을 다시 합병하고 지역의 행정기관과도 합체하여 '인민공사'의 발족으로 연결시켰다. 즉 농민을 군처럼 조직하고 농민을 생산대에 소속시켜 이를 생산대대(生産大隊)라는 단위로 조직한 다음 '인민공사'화했던 것이다. 자연히 노동도, 생산도 집단화됨으로써 소국가화(小國家化)됐고, 그렇게 됨으로써 '인민공사' 내에는 공업, 농업, 상업, 교육, 군사 등의 요소가 포함됐고, 실버타운 같은 사회복지적 요소까지 담당하게 됐다.

그런 다음 밀어붙인 것이 '대약진운동'이었다. 인민공사 설립과 더불어 농업과 공업을 비약적으로 증대시키자는 취지를 가진 대약진운동은 전국적으로 실시됐다. 그 결과 초기에는 엄청난 효과를 거두어 전 세계적으로 이목을 집중시키는 효과까지 얻었다. 1958년 제2차 5개년 계획의 생산 목표를 1958~1959년 2년 동안에 달성했던 것이다.

이러한 결과를 계기로 모택동은 3개의 적기(赤旗)를 들라는 슬로건을 외치게 했다. 즉 '사회주의 건설의 총노선', '대약진', '인민공사' 등이 그것이었다. 그러나 이런 모든 일이 모택동 생각처럼 쉽게 이루어지지는 않았다. 그것은 비과학적인 방법이었고, 사람들을 일시에 통제하고 능력의 고하나 차이를 인정하지 않고 밀어붙이는 정책이었기에 경쟁력이 없었던 것이다. 나아가 농기구 및 농업 품종의 개선이 이루어지지 않았고, 비료 등 현대적 영농 방법 등을 생각할 수 있는 여지도 없애 버렸다. 그리하여 농지는 황폐해졌고, 천연재해에 대한 방비도 전혀 안 된 탓에 1960~1963년에는 식량 부족 사태까지 발생했고 결국 농민들의 원망을 한 몸에 받아야 하는 처지가 됐다. 대실패를 경험한 것이다.

그 결과 1958년 12월, 모택동은 제2선으로 후퇴한다고 성명을 발표했다. 그러는 동안 상황을 주시하면서 몸을 사리고 있던 유소기에게 국가주석 자리를 양도했다. 유소기는 곧바로 인민공사 조정 작업을 시작했고, 그 결과 생산성이 회복되어 점차 대중의 인기를 얻었다.

사태가 이렇게 진전되자 제2선 후퇴 성명을 통해 물러났던 모택동은 가시방석에 앉은 형세가 됐다. 모택동은 다시 자신의 정치적 입지를 회복하고자 움직이기 시작했다. 바로 국내외 문제를 잘 섞어서 자신의 진로를 넓히자는 책략이었다.

모택동은 국내적으로 유소기의 조정정책이 효과를 보이자 그를 몰아붙이기 위해 대중에게 "계급투쟁을 잊지 말자"고 경고했다. 1962년 8월의 일이었다. 한편 국외적으로는 소련 공산당을 비난하기 시작했다. 소련 공산주의는 수정주의이고, 거짓 공산주의라고 비난했던 것이다. 모택동은 1963년 25항목에 이르는 「제 공산주의운동의 총노선에 대한 제언」을 소련 공산당 앞으로 보내 대답해 줄 것을 요구했다. 소련이 답장을 보내오자 중국 공산당은 9회에 걸쳐 비난 서한을 보내면서 소련을 압박했다.

모택동은 9회에 걸친 비판을 통해, 대체로 1956년 제20회 당 대회 이래 소련 공산당의 '스탈린 비판', '평화 공존', '평화 이행' 등 모든 노선을 수정주의로 몰아붙임으로써 소련 공산당의 반론을 유인하며 대중의 관심을 국제 문제로 돌렸다. 그런 후 모택동은 이러한 국제 관계를 국내로 돌려 중국 내에도 수정주의가 있다고 하면서 "우리에게도 흐루시초프가 있다"고 하며 경계할 것을 요구했다.

그는 유소기 등 실권파의 중심지였던 중국 공산당 북경시 위원회 및 당 중앙 선전대 등에 대해 1966년부터 불만을 표시하며 이들에 대한 투쟁을 벌였다. 당시 대중은 수정주의가 나쁜 것이라는 인식이 이미 팽배해서 이러한 모택동의 의도를 의심하지 않았기 때문에 반발할 수가 없었다. 이러한 상황은 이후 프롤레타리아 문화대혁명의 폭발을 가져왔고, 중국은 모택동이 사망하는 1976년까지 장장 10여 년에 걸쳐 역사상 유례없는 대공전의 시대를 맞이하게 됐다.

문화대혁명의 회오리

문화대혁명의 발동 의도

문화대혁명을 발동한 모택동의 의도가 유소기에게 있었다는 것은 잘 알려진 사실이다. 그를 타도하지 못했다면 아마 모택동은 끝까지 그를 공격하고 비판했을 것이다. 유소기는 중국 공산당 부서기로서 당내 서열은 모택동 다음이었다. 1959년 4월부터 국가주석이 됐는데, 이는 재선된 모택동이 사퇴하면서 얻은 행운이었다. 나아가 모택동은 정치국을 제1선과 제2선으로 나누어 제1선에 유소기와 등소평을 앉혔다. 그것은 자신이 저지른 '대약진운동'과 '인민공사화운동'의 실패에 대한 책임감 때문이었다. 정치국 회의는 유소기가 주재했고 정치국의 결정을 집행하는 것은 서기처였는데, 이 결정을 채택하고 배치하는 일을 휘두른 사람이 총서기 등소평이었다.

그 와중에 당내에는 유소기 인맥이 형성되어 그 힘이 강화됐다. 이러한 유소기의 다른 한 정치적 파이프는 당시 북경 시장이었던 팽진인데, 당시 팽진은 이데올로기 분야에서도 중요한 역할을 하던 북경의 문화계를 장악하고 있었다. 이렇게 되자 공산당 내에서는 유소기의 힘이 모택동을 앞지르는 것처럼 보였고, 이제 모택동은 무력한 존재처럼 여겨졌다. 이것이 모택동이 불만을 가지게 된 동기였다.

예를 들면 유소기가 예전에 썼던 『공산당원의 수양을 논하다』라는 책이 수정 가필되어 단행본으로 출간되자 중국 공산당 중앙은 간부 필독서로 지정해 1966년까지 1,840만 부가 판매됐고, 이에 비해서 1962년에 모택동이 쓴 책은 1쇄도 판매가 되지 않았다.

이렇게 불만을 품게 된 모택동은 유소기와 등소평 체제가 발족시킨 1956년의 제8회 당 대회에서 분노를 폭발시켰다. 이 때부터 문화대혁명이 일어나는 1966년까지 10년은 모택동에게는 고진감래(苦盡甘來)의 10년이 됐다.

모택동은 먼저 '5.16통지'와 '프롤레타리아 문화대혁명에 관한 결정'을 당의 정식 회의에서 통과시켰다. 그리하여 중앙 문화혁명소조가 정치국 상무위원회 밑에 설립되면서 문혁소조의 활동이 본격적으로 시작됐다. 이들의 주요 활동은 유소기·등소평 라인이 추진해 온 부르주아 문화대혁명을 타도하고 프롤레타리아 문화대혁명을 대중을 동원해 추진하는 것이었다. 이들 멤버는 조장 진백달(陳伯達, 천보다), 고문 강생(康生, 캉성), 제1부조장 강청(姜靑, 장칭)과 요문원(姚文元, 야오원위안) 등 일당이었다.

강청은 이전에는 숨어 있다가 문화대혁명 때부터 모습을 드러냈다. 그녀는 모택동과 연안에서 결혼할 때 "정치활동은 하지 않는다"고 당 중앙과 서약했었다. 요문원은 상해 문예평론가였는데, 비판운동이 일어나자 곧바로 비판논문을 쓰면서 팽진 등을 공격했다. 진백달은 북경대학 연설을 통해 북경대 학생들을 부추겼다. 북경대 학생들은 대자보를 통해 당시 총장인 육평(陸平, 루핑)이 문혁에 소극적이라며 비판을 가하기 시작해 결국 육평을 면직시켰고, 그 여파는 전국을 휩쓸어 전국의 모든 대학 총장이 면직되기에 이르렀다. 모두가 문혁소조의 술수에 의해 벌어진 일이었다.

사태가 악화되자 유소기는 항주(杭州)에 있던 모택동에게 전화를 걸어 북경으로 올라오라고 건의했지만 모택동은 못들은 척했다. 그러자 그 다음날 등소평을 데리고 항주에 간 유소기는 모택동을 만나 시급한 국내 사정을 들려주면서 중앙 정치국회의를 주재해 줄 것을 요청했으나 모택동은 알아서 적당히 처리하라고 일임했다. 북경에 돌아와 회의를 소집한 유소기는 각 학교에 공작조를 파견해 각 학교의 당 위원회를 대리하게 함으로써 사태를 정상화하려고 했다.

그러나 1개월 반이 지나 북경에 온 모택동이 유소기를 향해

"학생을 탄압하는 것은 군벌들이 하는 짓과 다르지 않다"고 직격탄을 날렸다. 그로부터 파견된 공작조는 유명무실해졌고 북경대학에서 열린 학생대회에 모여든 1만여 학생들은 유소기와 등소평에게 자기비판과 함께 스스로 물러날 것을 요구했다. 그리고 대회가 끝날 무렵 모택동이 등단하자 "모택동 만세"가 울려 퍼지면서 모택동의 금의환향을 박수와 환성으로 맞이했다. 유소기는 자기비판을 하고 국가원수 자리를 떠나야 했다.

지식인 비판과 투쟁철학

모택동은 지식분자의 혁명성을 인정하지 않은 것은 아니지만 그들이 사회적으로 불우한 나머지 이를 극복하고자 혁명에 접근한다는 인식을 갖고 있었다. 이는 모택동이 창안해 문화대혁명 때 유행한 "비천한 자는 더욱 총명해지고, 고귀한 자는 더욱 더 어리석은 바보가 된다"는 격언도 이러한 생각에서 비롯된 것이었다.

이러한 사상이 홍위병들에게 전해지면서 "지식인은 비판되지 않으면 안 된다"라는 인식으로 전화됐고, 이는 곧 지식인 탄압으로 이어졌다. 이러한 지식인 탄압에 이어서 벌어진 것이 계급투쟁이었다. 모택동에 의해 추진된 인민공사 설립과 대약진운동 그리고 제철운동이 중국의 경제상황을 거의 마비시키자 유소기 등은 이 문제를 해결하고자 농민들이 자급자족

할 수 있도록 자유화 조치를 취했다.

그러자 모택동은 "생산청부제는 자본주의이다"라고 지적하며 "사회주의 전 단계에 이르기까지는 계급투쟁이 존재한다"라고 말하면서 유소기 등 주자파를 공격했다. 이렇듯 모택동의 원리 원칙 중심에는 항상 '계급투쟁'이라는 공식이 만연해 있었다. 그는 "올바른 사상은 실천에 의해서만 얻어지는 것인데, 그 실천이라는 것은 생산투쟁, 계급투쟁, 과학 실천이다"라고 늘 주장했던 것이다.

그러나 투쟁은 적에 대해서 취하는 수단이었다. 이미 통일된 중국에는 적이 없는 상황이었다. 이런 가운데서 "인민 내부의 모순"이라는 개념을 그는 떠올렸던 것이다. 그는 연안에서 한 강의를 통해 "적대와 모순은 확실히 다르다. 사회주의 기초에 있는 '적대'는 없어졌지만 모순은 존속한다"는 레닌의 말을 인용하면서 레닌이 말한 '적대'를 '적대적 모순'으로, '모순'을 '비적대적 모순'이라는 말로 바꿔서 사회주의 아래에서는 '적대적 모순'은 없어지고 '모순'은 모두가 '비적대적 모순'이라고 설명했다. 나아가 인민 내부의 '비적대적 모순'은 '적대적 모순'으로 전화(轉化)할 수밖에 없다고 설명했다. 따라서 이 '적대적 모순'을 해결하기 위해서는 엄격한 수단을 취하지 않으면 안 되는데, 그 수단은 바로 '투쟁'뿐이라고 했다. 그가 말하는 「모순론」의 실체는 바로 이것이었다.

이렇게 중학생, 대학생, 때로는 초등학생까지 계급투쟁에 참가시켜서 올바른 사상이 몸에 배도록 해야 한다고 주장했던 것이다. 이러한 그의 주장은 아직 정신적, 경험적 체계화가 덜 성숙한 학생들에게는 그럴 듯하게 들렸고, 이러한 꾐에 빠진 학생들은 자신의 스승, 사회 원로, 심지어는 자기 부모까지도 타도 대상으로 보고 무자비한 탄압과 비정한 행동을 자행했고, 중국의 모든 역사를 파괴하는 행위까지 저지르고 말았던 것이다.

그러나 이때까지 중립을 지키고 있던 군의 원로들은 더 이상은 두고 볼 수 없다고 판단하고 문혁소조를 비판하면서 중심인물을 공격하기 시작했다. 물론 모택동이 가만히 당하고만 있었던 것은 아니지만 각 대학의 지지 철회가 이어지는 상황에서 노쇠한 모택동은 스스로 제9회 당 대회를 통해서 문화대혁명을 종식시켰다.

측근인 강청을 비롯한 소위 4인방의 세력은 끝까지 자신들의 노선을 지키기 위해 안간힘을 썼으나 자신들의 버팀대였던 모택동이 사망하자 급격히 쇠락했다. 결국 엽검영(葉劍英, 예젠잉) 등이 모택동 자신이 직접 자신의 계승자로 권좌에 올린 화국봉(華國鋒, 화궈펑)을 설득함으로써 강청을 체포하고 그 주변 인물들을 정리하게 됐다. 이렇게 장장 10년간 이어졌던 중국 최대의 권력투쟁은 종지부를 찍게 됐다.

위대한 거인의 애환

기구한 가족사

모택동은 중국인에게 은인이자 생명 같은 존재였다. 그러한 그였지만 그의 가족들에게는 불행이 끊이지 않았다. 그것은 모택동이 가족을 각별하게 생각하지 않았기 때문이 아니라 모든 혁명가의 공통된 불행인지도 모른다. 그렇지만 결국 혁명은 모택동을 점점 인정머리 없는 냉혈동물로 만들었다. 물론 처음부터 모택동이 냉혈한은 아니었다. 아니 오히려 남들보다 더 동정심이 컸을지도 모른다. 그러나 그가 처해 있는 상황 때문에 그는 더 이상 인정 많은 인간으로 지내기가 힘들었다.

모택동은 첫 장에서도 설명했듯이 완고한 아버지와 한없이

착한 전형적인 중국인 어머니 밑에서 자랐다. 그가 성장하면서 아버지에 대한 불만으로 부자 사이의 대립이 격화될 때마다 어머니는 그들 사이를 중재하는 데 총력을 기울였다. 그러한 노력 덕분에 그나마 모택동이 책을 보면서 꿈을 키울 수 있었던 것이다.

그런데 그것이 오히려 집안에는 불행을 가져왔다. 세상에 새로운 눈을 뜨게 된 모택동은 결국 집을 뛰쳐나갔고, 바깥 세상에 나간 후에는 동생들을 전부 혁명 대열에 끌어들였기 때문이다. 이러한 그의 혁명 활동으로 결국 모든 가족이 희생되는 불행을 맞았던 것이다.

모택동의 처음 맞은 아내는 모택동이 장사에 공부하던 시절, 호남성립 제일사범에서 교편을 잡고 있던 그의 첫 스승인 양창제의 딸 양개혜였다. 양창제는 1918년 북경대학의 초빙을 받아 북경으로 갔는데, 그는 북경에 가자마자 자기가 마음에 두었던 모택동을 불러들이고 호동(胡洞) 9호에 있던 자신의 집에 머물게 하면서 북경대 도서관 조리(助理)연구원으로 취직시켰다. 모택동은 이때 17세 소녀였던 양개혜를 처음 만나 인연을 만들었다. 낯선 타향인 북경에서 같은 동향인 두 사람이 서로를 좋아하게 된 것은 자연스러운 일이었다. 더구나 양개혜의 입장에서, 모택동은 아버지가 사랑하는 제자였던 것이다. 그러던 중 1920년 양창제가 사망하자 그의 시신을 모시고 장사에 온 모택동은, 장례식이 끝나고 얼마 후에 다시 장사로 돌아와 상복여중(湘福女中)에 입학한 양개혜와 함께 그해 겨울부터 동거를 시작했다. 그리고 그녀는 모택동을 따라 1921년에 공산당에 입당했다. 그들은 사이에 세 아들을 두었다. 장남부터 모안영(毛岸英, 마오안잉), 모안청(毛岸靑, 마오안칭), 모안용(毛岸龍, 마오안룽)이 그들이었다. 이들 부부는 1930년 11월 국민당 군벌인 하건(何鍵, 허젠)에 의해 체포되어 총살당하기 전까지 양개혜와 모택동은 혁명 과정에서 10여 년간 장사, 상해, 소산 등을 오가면서도 서로 의지하면서 수많은 어려움을 이기고 세 아들을 낳는 등 다정한 생활을 보냈다. 이 시기 호남 군벌들에 의해 체포령이 떨어진 모택동은 피신 생활 중이었기에 아이들까지 보살피면서 그를 따라야 했던 양개혜는 큰 고생을 했다. 그러나 모택동의 처로 체포되어 사형을 당하게 되어서도 그녀는 체통을 잃지 않았다. 모택동은 그녀가 사망했다는 소식을 듣고 그의 친척들에게 "개혜는 쓸데없이 그들의 제물이 된 것이 아니다"라며 그녀의 죽음이 헛된 것이 아님을 환기시켰다.

그들의 세 아들 중 첫째와 둘째는 소련에 유학을 갔지만, 셋째 안용에 대해서는 잘 알려져 있지 않다. 아마도 혁명 중에 사망한 것으로 보인다. 첫째 안영은 공부가 끝난 후 모택동의 부름으로 귀국해 북경 기기총창(機器總廠)의 총지부 서기로 있었는데, 6.25전쟁에 참가했던 주덕 사령관이 전황을 보고하기 위해 북경에 들렀을 때, 모택동은 안영을 소개하면서 참전 경험을 하게 해달라고 요청했고, 그 결과 그는 전선으로 보내졌다. 당시 수술 후유증으로 병상에 있는 자기 아내에게 마치 휴

가라도 가는 듯이 가볍게 인사하고 전선으로 온 안영은 러시아어 번역관 겸 총사령관 비서를 담당했는데, 어느 날 미군 폭격에 의해 희생되고 말았다. 그의 죽음에 대한 모택동의 회한은 그의 독백에 잘 나타난다. "혁명전쟁은 언제나 대가를 지불하는 것이다. 내 아들이라서 큰일이라고 할 수 있겠는가!"라고 했지만 그가 속으로 얼마나 괴로워했는가를 엿볼 수 있다.

둘째 안청은 큰 형이 사망하자마자 비통한 나머지 병이 들었다. 중남해에 머물다가 모택동의 네 번째 부인인 강청(姜青)의 미움을 받은 그는 쫓겨나서 제대로 치료도 받지 못하고 사망했다.

두 번째 부인인 하자진(賀子珍, 허쯔전)도 같은 운명이었다. 그녀의 고향은 강서성 서금의 정강산 부근이었는데, 혁명대의 활동을 보며 자연스럽게 혁명가가 된 경우였다. 그녀는 1927년 10월 추수폭동을 위해 투입될 군을 이끌고 정강산에 온 모택동과 만나게 됐다. 이곳에 온 모택동은 처음에는 이곳에 주둔하고 있던 부대장의 시기로 인해 쉽게 정착하지 못했다. 뛰어난 모택동을 이길 수 없다고 판단한 지도원들이 그를 견제하기 위해 하자진과 결혼시켰다고 그들 사이의 딸인 이민(李敏, 리민)은 술회한다.

이들의 애정은 혁명 실시 이전에 실시한 '농촌실정조사'를 함께하면서 이루어졌다. 후에 이때 조사한 「정강산농촌실정조사」를 장정 도중에 잃고 나서 모택동은 "다른 물건을 잃어버렸다면 마음이 아프지 않았을 텐데, 그 보고서를 잃어버려서 정말 애석하다"고 술회했다. 그는 당시 하자진과 함께 조사를 벌였는데, 하자진의 노력과 정성으로 정리된 이 보고서가 모택동에게는 그녀의 분신처럼 여겨졌던 것이다. 그 정도로 모택동은 하자진에게 각별한 정을 느끼고 있었다.

그들은 1928년 정강산 속에 있는 상산암에서 결혼식을 거행했다. 그러고는 신혼여행을 혁명전쟁에 참가하는 것으로 대신했다. 그들도 유격전을 하면서 이곳저곳을 전전해야 했다. 그러면서 첫 딸을 복건성 용암(龍岩)에서 1929년 봄에 낳았으나 곧 잃었다. 두 번째로 아들 안홍(岸紅, 안홍)을 복건성 장정(長汀)에서 1932년에 낳았는데, 혁명 활동을 하는 데 불편하자 모택동의 셋째동생인 모택담(毛澤潭)에게 맡겼으나 그들 부부도 유격활동에 참가하느라 서금의 호위병사에게 맡겨 놓고 떠났는데, 모택담이 작전 도중 희생되는 바람에 그의 행방을 알수 없게 됐다. 후에 하자진의 여동생이 그를 찾으러 헤매다 교통사고로 사망하고 말았으니 실로 불행의 연속이었다. 셋째는 태어나자마자 사망했고, 1937년에 마지막으로 끝까지 유일하게 모택동의 신변을 지켰던 딸 이민이 태어났다. 그러나 이때는 이미 강청이 모택동과 각별한 사이로 발전하고 있었기 때문에 하자진은 몸에 박힌 파편을 제거한다는 구실로 모택동의 만류에도 불구하고 1937년 말에 연안을 떠나 소련으로 갔다. 소련에서 외로움에 지친 그녀는 정신질환자가 되어 고생하다가 뒤늦게 귀국하지만 강청의 견제로 어렵게 지내다 결국 병으로 사망하고 말았다.

그녀가 소련으로 가게 된 원인은 모택동이 연안으로 몰려 드는 지식인들과 신진 청년들과의 대화에 빠져 들면서 둘 사 이가 소원해진 탓이었다. 그녀는 더 이상 모택동과 함께할 수 없음을 알고 병을 핑계로 떠났지만, 그 실질적인 원인은 자신 을 버리고 강청에게로 마음이 돌아선 모택동에 대한 원망이었 던 것이다.

세 번째 부인인 강청은 본명이 남빈(藍蘋, 란핑)으로 3류 여 배우로 활동할 때도 본명을 사용했다. 그 후 모택동과 결혼하 면서 강청으로 개명했다. 강청은 결혼하면서 정치에는 관여하 지 않기로 당과 약속했지만, 모택동은 자신이 어려움에 처하 자 그녀를 은근히 부추겨 정치에 참여케 함으로써 중국의 비 극을 가져오게 했다. 그 비극의 중심에 있던 강청은 문화대혁 명 이후 종신형을 선고 받고 북경 감옥에 있다가 결국 스스로 목숨을 끊고 말았다.

모택동의 둘째동생인 모택민은 우직하고 근면해 모택동이 떠난 집안의 대소사를 혼자 처리했지만, 넓은 세상을 보고 온 모택동에 의해 장사로 가게 됐고 그곳에서 부친에게 배운 회 계 등 특기를 살려 훗날 국가은행의 은행장 자리까지 올랐다. 하지만 병으로 소련으로 가다가 신강(新疆)에 들렀을 때 때마 침 발생한 페스트로 인해 그곳에 머물다가 국민당 군벌에 체 포되어 갖은 고문 끝에 암매장당하고 말았다. 셋째동생 모택 담은 처음부터 모택동을 따라 함께 혁명운동에 참여하여 활동 하다가 1935년 4월 군구 사령부 영도자 중 한 명으로 유격전에 참가했다가 총상을 입고 사망했다.

이처럼 모택동의 가족은 모두 혁명을 위해 희생되고 말았
다. 그것은 모택동을 위한 희생이기도 했다. 그렇게 외로운 모
택동이었기에 강청이 아무리 현대 중국 건설의 최대 방해자로
평가되어도 그녀를 버릴 수 없었을 것이다. 이렇듯 가족관계
에서 보면 모택동은 참으로 기구한 인간이었다.

황제형 권력의 화신

1966년 5월에 시작되어 1976년 10월에 끝난 문화대혁명은
모택동이 이룬 혁명의 업적을 다 가려 버렸다. 문화대혁명으
로 박해를 당한 사람들은 너무나 많다. 공식적으로 당과 국가
지도자 38명, 그 외 당, 행정, 공산당 이외 각계각층의 저명한
인사들만 해도 382명이나 됐다. 공무원, 일반인 등은 70여 만
명에 이르렀고, 사망자만 3만 4,000명이었다. 이들 외에 문화
대혁명의 소용돌이에 휩쓸려 박해를 받은 사람들의 숫자는 1
억 명에 이르렀다고 한다. 더구나 이를 통해 병을 얻어 사망한
숫자는 이보다 더 많았다고 한다. 경제 손실만 해도 당시 돈으
로 인민폐 5,000억 원(元)이었다고 하는데, 이는 1949년 건국
이래 문화대혁명이 일어나기까지 국민수입 총합계에 필적할
만큼 많은 액수였다.

거기에 초등학교부터 대학교까지 거의 수업을 하지 못했고,
형식적인 수업만 하거나 정식으로 학생을 선발하지 못했고,

학생이라고는 2년간 노동한 사람이나 병역(兵役)에 종사했던 노동자, 농민, 병사들 중에서 추천받아 입학한 사람들이 대부분이었으므로 중국의 우수한 인재들은 모두 묻혀 버린 것이나 다름없었다.

1982년 전국 통계를 보면 문맹자가 2억 3,000만 명 이상으로 나오지만 실은 이보다 더 많았을 것이다. 이들 외에 상대에 대한 신뢰심이 없어지고 경계하는 데만 익숙해진 나쁜 습관은 이후 개혁 개방을 시행할 때도 큰 부작용을 일으켰고, 오늘날에도 여전히 자기만 아는 비도덕적인 사회를 이루는 배경이 됐다. 이 모든 것이 10년간 행해진 문화대혁명 때문이었던 것이다.

이러한 문화대혁명의 한가운데에 모택동이 서 있다. 그럼에도 많은 중국인은 모택동을 신처럼 받들고 있으니 참으로 아이러니가 아닐 수 없다. 그러한 그에게 면죄부를 준 것은 중국 공산당이 1981년 6월, '건국 이래 당의 약간의 역사적 문제에 대한 결의'라는 선언을 채택하면서 건국 후 32년, 문화대혁명 10년간에 대해 내린 평가였다. 그 평가는 다음과 같았다.

문화대혁명은 어느 하나 건질게 없는 잘못이었다. 모택동은 이에 대해 주요한 책임이 있지만, 모든 잘못의 책임을 그 혼자 짊어지게 해서는 안 될 것이다.

비록 평가는 그에게 면죄부를 주는 형식이었지만, 그가 저지른 잘못은 너무나 컸다. 위대한 혁명가 모택동이 이런 엄청난 역사적 과오를 저지르게 된 원인은 무엇이었을까? 앞 장에서 언급했듯이 외로움으로 인한 강청에 대한 애정도 있겠지만, 더 큰 요인은 아마도 정치적 인간으로서 떨쳐낼 수 없는 권력욕이 아니었나 생각된다.

어느 나라 정치가도 마찬가지겠지만 중국의 역사를 보면 이러한 권력욕에 의한 왕조의 전복이 반복되면서 오늘에 이르고 있음을 확인하게 된다. 중화인민공화국 또한 그러한 역사 속의 한 왕조라고 볼 수 있다. 국민당과 공산당으로 갈린 채 대립하면서도 그들은 어느 쪽이 승리하든 하나의 중화세계로 만들려고 노력했다. 이는 이전 중국 역사에서의 정치 변화상과 다를 바가 없었다. 중국인은 중화세계가 여러 나라나 왕조로 나뉘면 어떻게 하든 통일을 이루려고 애썼다. 그러한 반복은 길게는 300년, 짧게는 200년마다 일어났다. 『삼국지연의』에서 곧잘 인용되는 "천하가 분열되면 얼마 지나지 않아 합쳐질 것이고, 합쳐지면 또 얼마 지나지 않아 반드시 분열될 것이다"라는 격언처럼 중국인은 왕조나 국가는 반드시 통합을 이루어야 한다는 믿음을 오늘날까지 유지하고 있다. 이러한 일을 하려면 필요한 것이 바로 '힘', 즉 '권력'이었다.

권력을 이용해서 통합하면 그 힘은 헤아릴 수 없이 커지게 마련이었다. 그리고 그 걷잡을 수 없는 힘은 곧바로 민중에게 공포심을 불러 일으켰고, 그 공포감을 이용해 그 수많은 민중을 이끌어 갔던 것이다. 모택동도 그러한 인간에 불과했다. 물론 그가 통찰력, 리더십, 전략전술 등 여러 면에서 신과 같은 능력을 발휘한 것은 사실이다. 그러나 그도 정적을 시기하며 무자비하게 제거한 권력 지향의 인물이었고, 3,000만 명의 아사자를 만들어 낸 장본인이었으며, 수억 명의 중국인을 공포 속에서 떨게 한 폭군이었음을 부인할 수는 없다.

그는 문화대혁명 때, 홍위병들이 항상 끼고 다니던 『모택동어록』을 편찬한 자신의 후계자 임표를 숙청했다. 권력투쟁에서 밀리게 된 임표는 모택동 암살 계획이 실패하자 비행기를 타고 몽골 상공을 날아가다가 영문을 알 수 없는 이유로 추락사했다. 이 소식을 들은 모택동은 "나이든 딸은 시집을 가야 하고, 하늘은 비를 내리게 마련이다"라는 말로 그의 죽음을 비꼬았다. 아무리 쥐어짜도 피 한 방울 나오지 않을 냉철함이 그의 읊조림 속에 그대로 배어 있는 것을 확인할 수 있다.

그 다음으로 자신을 지탱해 주었던 서열 제3위인 주은래(周恩來, 저우언라이)마저도 그의 공격을 피할 수는 없었다. 임표 사건을 적절하게 마무리하려는 그에 대한 질투심 때문에 주은래를 내버려 둘 수 없었던 것이다. 그러한 질투심은 곧바로 비림비공(非林非孔)운동으로 나타났다. 겉으로는 임표와 공자에 대한 비판이었지만, 『수호전』에 나오는 108두령의 제일 윗사람인 송강(宋江)의 투항주의에 빗대어 주은래를 압박했던 것이다. 심신이 상한 주은래가 병원에 입원하자, 그의 화살은 다시 그와 가깝고 당시 당의 일상 업무를 주재하고 있던 등소평에게 돌아갔다. 그로 인해 등소평은 세 번째로 실각하게 됐다.

이러한 그의 권력욕의 성격은 '황제형 권력'이었다. 그는 자신의 권위에 대한 도전을 용서하지 않는 절대 권력의 군주였던 것이다. 혹자는 그가 중국 고전을 너무 많이 읽어서 그렇게 됐다고 식언하기도 하지만, 그의 신적인 두뇌 활동이 이러한 권력욕을 채우기 위한 데서 나온 것이라는 점은 부정할 수 없다.

또한 그는 법도 하늘도 무서워하지 않는 '무법무천(無法無天)'의 독재자였다. 닉슨과 회담을 마치고 난 그는 "중은 우산을 펴서는 안 된다"라고 중얼거렸다. 이 말은 호남 농민들이 자주 쓰는 말이었는데 "중은 무발(無髮, 머리가 없다)인데다 우산을 펴면 하늘이 안 보인다(無天)"라는 의미로서, '무발'의 '발(髮)'은 중국 음으로 '파'인데, 이는 '법(法)'의 중국 음과 같으므로, 곧 '무법' 즉 법을 두려워하지 않는다는 뜻이고, 우산을 펴면 하늘이 보이지를 않으니 바로 '무천(無天)'이므로 하늘도 두렵지 않다는 의미이다. 이러한 그의 독선적 성격은 민중을 고통과 공포의 도가니로 집어넣고, 그를 따르고 지지해 주던 동지들을 죽음과 숙청으로 몰아넣었던 것이다.

처음 천하를 통일한 진시황은 자신에게 저항하는 유자 460명을 매장하며 자신의 권력을 지켰지만, 결국 21년 만에 멸망하고 말았다. 모택동은 그보다 수백 배의 희생을 통해 자신의 권력을 되찾았다. 그러나 10년도 버티지 못하고 죽었다. 아마도 모택동은 법가 사상에 바탕을 둔 공포정치를 통해 자신의 권력을 지켜나가려 했던 진시황을 떠올리면서, 자신은 마르크스주의를 통해 더 오랫동안 황제와 같은 권력을 유지할 수 있다고 생각했을지도 모른다. 그러나 그 역시 한 인간에 불과했다. 우리는 역사 속에서 그 진리를 배워야 할 것이다.

70퍼센트의 공로, 30퍼센트의 과오

　중국현대사에서 모택동에 대한 평가는 여전히 긍정적인 평가가 우세하다. 그만큼 그의 업적이 대단하다는 것을 알 수 있다. 그러나 실질적으로 높이 평가되는 것은 그의 업적 자체가 아니라 그가 업적을 세우기 위해 노력한 전술, 이론, 행동 그리고 무엇보다도 가족들을 희생시켜가면서까지 자신을 돌보지 않고 인민과 함께했다는 혁명성에 대한 평가라고 할 수 있을 것이다.

　그의 이러한 처세와 천재적 마인드는 많은 경험과 독서 그리고 실제 현실에 대한 참여를 통해 얻은 결과였다. 그런 면에서 그는 진정 위대한 혁명가였다고 평가할 수밖에 없다. 하물며 중국인들에게 그러한 요소들이 우리보다 더 많은 공감을 자아내리라는 점은 틀림없는 사실이다. 그러나 훌륭했던 그가 말년에는 권력에 집착하는 하나의 정치적 동물에 지나지 않았다는 것은 유감스러운 일이다.

그가 어릴 때부터 읽은 책은 그 수를 헤아릴 수 없을 정도로 많다. 그리고 읽는 책마다 방점을 표시하고 자신의 평가를 기록했다. 또 자신의 생각이 옳은가 그른가를 직접 확인하기 위해 소위 농촌 실지조사도 단행했다. 그러한 통계와 민중의 심리를 의식 속에 흡수하고 여러 이론들을 혼합시키는 가운데 정치력과 영도력을 발휘했고, 그러한 통치력에 호감을 느낀 중국인들은 그를 구세주처럼 환영했던 것이다. 그는 병사가 바라는 바가 무엇이고, 일반 인민이 바라는 바가 무엇인지를 통찰해 그들로부터 동정과 지지를 받아낼 수 있었기 때문에 막강한 경제력과 군사력 그리고 강대국의 지원을 받았던 장개석 국민당군에게 승리할 수 있었다.

『모택동 선집』은 이런 경험과 지식 그리고 세상의 흐름을 판단할 수 있는 직관력이 있었기에 그의 귀신같은 전략이 가능했음을 잘 보여준다. 그는 연안이라는 산골짜기 동굴에 틀어박혀 있으면서도 천하대세를 한 눈에 파악했고, 각 지역에서 전투를 벌이고 있는 군에게 작전 명령을 내려 한 번도 패하지 않는 전적을 올렸던 것이다. 가히 귀신이라고 하지 않을 수 없다. 이러한 능력을 가진 그를 중국인들은 신적인 존재로 여길 수밖에 없었을 것이다.

문화대혁명이라는 전대미문의 포악한 선동정치 속에서 엄

청난 굴욕과 탄압을 받았던 등소평마저도, "그(모택동)는 30퍼센트 정도 과오를 범했지만, 그가 우리 인민을 위해 노력한 70퍼센트의 공로를 잊어서는 안 된다"라며 천안문 광장의 자금성 정문 벽에 그의 초상화를 계속 걸게 한 일화는 지금까지도 사람들의 입에 오르내리고 있다.

인간은 실수를 먹고 사는 동물이라고 어느 철인(哲人)이 한 말을 들먹이지 않더라도 모택동의 잘못은 황제 권력을 가져야만 하는 중국 통치자에게는 어쩌면 큰 문제가 아닌지도 모른다.

그러나 우리 민족이라면 수많은 희생자를 내게 한 그의 잘못을 쉽게 용서하지는 않을 것이다. 그가 때를 잘못 만나 그렇게 될 수밖에 없었다고 두둔한다면, 아마도 전 국민의 질책을 받게 될 것이다. 그렇지만 현대의 중국인들이 아직도 그를 위대한 '인민의 아버지'로 여기는 것은 어째서일까? 그만큼 중국과 우리는 다른 세계에 살고 있다는 의미일까?

이런 문제부터 해결하는 것이 더욱 무서운 공룡으로 변해 가고 있는 중국을 이해하고 그들과 협력해 갈 수 있는 첫 번째 순서가 아닐까 자문해 본다. 그만큼 중국은 이해하기가 어려운 나라이다. 독자들이 모택동을 통해서 이러한 중국의 일각이라도 파악하게 된다면 필자에게는 큰 보람이겠다.

모택동 13억 중국인의 정신적 지주

| 펴낸날 | 초판 1쇄 2009년 3월 25일 |
| | 초판 3쇄 2012년 10월 29일 |

지은이	**김승일**
펴낸이	**심만수**
펴낸곳	**(주)살림출판사**
출판등록	1989년 11월 1일 제9-210호

경기도 파주시 문발동 522-1
전화 031)955-1350 팩스 031)955-1355
기획·편집 031)955-4662
http://www.sallimbooks.com
book@sallimbooks.com

ISBN 978-89-522-1116-3 04080